DON
BOSCO

Sport mag ich wirklich sehr.
Hier spielen wir ganz fair.
Keiner tut dem andern weh:
Versprochen, versprochen, versprochen,
das wird auch nicht gebrochen:
Oooooookaaaaaay!

Elke Gulden · Bettina Scheer

Ballspiele
im Kindergarten

Für
Koordination,
Konzentration,
Kooperation

DON BOSCO

Gerne nehmen wir Ihre Anregungen, Wünsche, Kritik oder Fragen entgegen:
Don Bosco Medien GmbH, Sieboldstraße 11, 81669 München
Servicetelefon: (089) 48008-341

Bibliografische Information der Deutschen Nationalbibliothek

Die Deutsche Nationalbibliothek verzeichnet diese Publikation in
der Deutschen Nationalbibliografie; detaillierte bibliografische
Daten sind im Internet über http://dnb.d-nb.de abrufbar.

1. Auflage 2011 / ISBN 978-3-7698-1860-4
© 2011 Don Bosco Medien GmbH, München
www.donbosco-medien.de
Umschlag und Layout: Reclame Büro, München
Illustrationen: Gabriele Pohl
Satz: Don Bosco Kommunikation GmbH, München
Gesamtherstellung: Don Bosco Druck & Design, Ensdorf

Gedruckt auf umweltfreundlichem Papier

Inhalt

Kinder brauchen Ballspiele

Es gibt kaum ein Spielmaterial, das Kinder unabhängig von Alter, Geschlecht und Kultur derart zu faszinieren vermag wie ein Ball. Seit vielen hundert Jahren beschäftigt er Groß und Klein und lässt sich geduldig treten, werfen und fangen. Ohne Aufwand und ohne teure Investition vermittelt er Spaß an Bewegung und gemeinsamem Spiel und fördert darüber hinaus ganz nebenbei die nächsten natürlichen Entwicklungsschritte der Kinder.

Leider hat sich jedoch die Straßenspielkultur in den letzten 20 Jahren bei uns drastisch zurückentwickelt. Es gibt zu wenig Spielplätze und frei zugängliche Sportplätze. Selbst vorhandene Gärten sind oft zu klein, weswegen ihre Rasen meist geschont werden müssen. Gleichzeitig steigt das Verkehrsaufkommen. All dies macht das freie und spontane Straßenspiel mit Nachbarskindern schwieriger. Hinzu kommt auch noch eine Fülle von Freizeitaktivitäten, die als schicker und irrtümlicherweise auch für die Entwicklung des eigenen Kindes als effektiver und sinnvoller angesehen werden als eine Ballsport-AG. Auf der anderen Seite stehen aber auch immer mehr Familien, für die ein Sportverein als Freizeitaktivität schlichtweg nicht bezahlbar ist.
Die Folge dieser Entwicklung ist ein extremer Rückgang der Ballfertigkeiten der Kinder in den letzten Jahren. Dabei gehören das Werfen und Fangen zu den „Grundfähigkeiten", die Kinder bis zu ihrer Einschulung erlernt haben sollten.

Fangen, Werfen, Kicken und Prellen erfordern eine komplexe Zusammenarbeit von Groß- und Kleinhirn sowie eine detaillierte Abstimmung grob- und feinmotorischer Bewegungsabläufe. Die unglaubliche Faszination dessen gepaart mit der unendlichen Vielzahl an Spielvariationen prädestiniert den Ball geradezu als regelmäßiges Spielgerät für Kinder. Dabei hat gerade die Institution Kindergarten die Möglichkeit, das Ballspiel und das Ballgefühl der Kinder systematisch aufzubauen, ohne dass dabei Spaß und Kreativität verloren gehen. Im Kindergarten können Kinder ihre Kenntnisse über all die vielen Ballarten und deren Eigenschaften aufbauen und haben die Chance, eine ganze Fülle von Ballspielen kennen zu lernen und auszuprobieren. Dabei eignen sich Ballspiele hervorragend zur motorischen Erziehung, denn sie decken die ganze Bandbreite der motorischen Fitness (Kraft, Ausdauer, Schnelligkeit und Beweglichkeit) ab.

Es ist nicht die Aufgabe des Kindergartens, Kindern unterschiedliche Wurftechniken für die vielen verschiedenen Sport- und Ballarten beizubringen. Es geht auch nicht darum, mit den Kindern so lange an einem Wurf zu arbeiten, bis dieser mit der richtigen Technik umgesetzt wird. Aber es ist wichtig, dass die Kinder Bälle grundsätzlich auf eine bestimmte Entfernung werfen können, dass sie einen Ball einem anderen Kind zuwerfen können und dass sie selbst in der Lage sind, einen Ball, der auf sie zukommt, vor dem Körper zu fangen, bevor er an der eigenen Nase abprallt. Auch das Prellen eines Balles sollte im Vorschulalter beherrscht werden, zumindest am Platz. Dies erfordert ein regelmäßiges Angebot an Ballspielen, denn nur durch häufige Übung können Kinder entsprechende Fertigkeiten ausbilden. Genau wie in vielen anderen Bereichen gilt auch hier: lieber öfter kurz als einmal lang.

In diesem Sinne enthält dieses Buch eine kurze theoretische Einführung in das Spiel mit dem Ball sowie eine Fülle an vielen unterschiedlichen Ballspielen, die den Kindern Spaß machen und nebenbei weitere Kompetenzen und Fertigkeiten ausbilden.
Wir wünschen Ihnen viele fröhliche und faire Ballspiele mit „Ihren" Kindern.
Herzlichst Ihre

Elke Gulden und Bettina Scheer

Ballspiele fördern die sozialen und koordinativen Fähigkeiten

Ein Ball motiviert Kinder fast immer zur Beschäftigung und Auseinandersetzung, kurzum zum Spiel. Aus diesem Grund werden auch einige der wichtigsten Motoriktests mit Bällen durchgeführt, da Psychologen sich immer dessen sicher sein können, dass die Kinder für ihre Tests motiviert sind. Darüber hinaus macht es das Spiel mit Bällen möglich, spielerisch einen Eindruck vom Entwicklungsstand der motorischen Fähigkeiten eines Kindes zu erlangen. Denn Ballspiele decken eine Vielzahl motorischer Fertigkeiten ab. Dabei fördern sie insbesondere auch die ganze Bandbreite der Koordination.

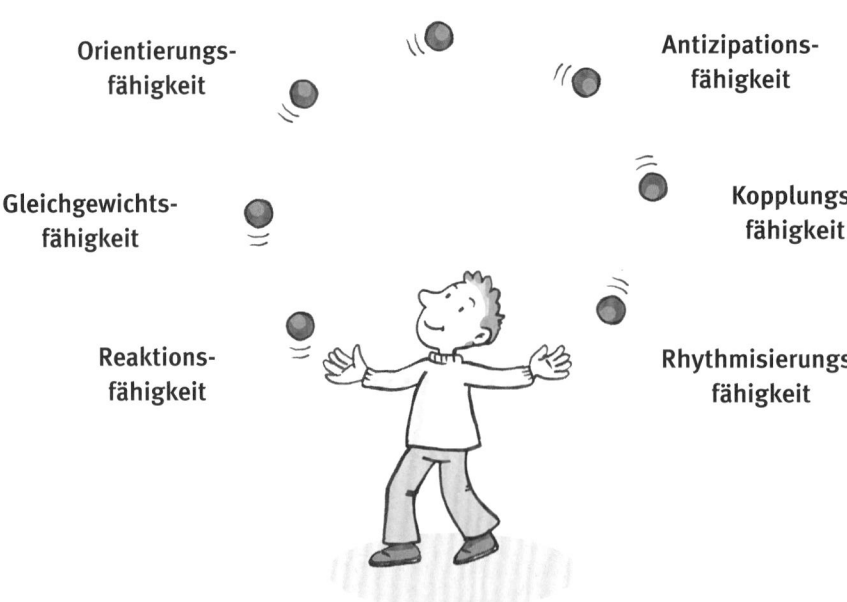

Kinästhetische
Differenzierungsfähigkeit

Orientierungs-
fähigkeit

Antizipations-
fähigkeit

Gleichgewichts-
fähigkeit

Kopplungs-
fähigkeit

Reaktions-
fähigkeit

Rhythmisierungs-
fähigkeit

Reaktionsfähigkeit umfasst die Möglichkeiten und die Geschwindigkeit, auf äußere Signale zu reagieren.

Gleichgewichtsfähigkeit beschreibt die Fähigkeit, den eigenen Körper oder Teile davon sowie Objekte über einen bestimmten Zeitraum in Ruhe oder auch in Bewegung in Balance zu halten.

Orientierungsfähigkeit beschreibt die Fähigkeit, sich im Raum zu bewegen und auf plötzlich auftretende räumliche Veränderungen schnell und sinnvoll zu reagieren.

Kinästhetische Differenzierungsfähigkeit umfasst die effektive und effiziente feinmotorische Abstimmung eines Bewegungsablaufes oder einzelner Teilbewegungen.

Unter **Antizipationsfähigkeit** wird das Voraussehen einer kommenden Bewegung oder einer Flugrichtung verstanden und die daraus resultierende Möglichkeit, die eigene Reaktion frühzeitig und der Situation angemessen anzupassen.

Kopplungsfähigkeit beschreibt die Fähigkeit, einzelne Teilkörperbewegungen räumlich und zeitlich aufeinander abzustimmen, so dass sie zu einem harmonischen Bewegungsablauf miteinander verbunden sind.

Rhythmisierungsfähigkeit meint, sowohl die eigene Bewegung einem vorgegebenen Rhythmus anzupassen als auch einen eigenen Bewegungsrhythmus zu finden.

Neben all diesen koordinativen Fähigkeiten fördert das Spielen mit dem Ball auch die persönliche und die psychosoziale Entwicklung der Kinder. Egal ob beim Spiel zu zweit, zu dritt oder im Team, die Kinder setzen sich mit sich selbst und ihren Spielpartnern auseinander. Dabei gibt es die unterschiedlichsten Konstellationen:

Darüber hinaus gibt es Regeln, die eingehalten und Entscheidungen, die akzeptiert werden müssen. Die Kinder müssen lernen zu verlieren und sie müssen lernen zu gewinnen. Sportlich faires Verhalten muss auf beiden Seiten zur Selbstverständlichkeit werden. Dazu gehört der Umgang mit eigenen Fehlern während des Spiels und die Art und Weise, mit Fehlern von eigenen Mannschaftsspielern umzugehen, die zum Punkteverlust führen.

Bei regelmäßigen Ballspielen entwickelt sich bei Kindern sehr schnell ein gutes Ballgefühl. Die daraus resultierenden Erfolge führen zur Ausbildung von Selbstvertrauen und der Steigerung des eigenen Selbstbewusstseins. Allerdings gehört hierzu auch das Erfahren und Erlernen von Abgeben und Teilen. Insbesondere bei Teamspielen muss der Ball schnell weitergespielt werden. Dies ist nicht für alle Kinder leicht. Gleichzeitig wird hierbei aber auch die Entscheidungsfähigkeit ausgebildet. Beim Spiel gilt es, sich immer wieder neuen Situationen anzupassen und auf sie zu reagieren. Wer sich nicht entscheiden kann und zu lange wartet, findet sich sehr schnell in einer neuen, veränderten Situation, die wiederum eine Entscheidung fordert. Das Spiel wartet nicht.

Welche Bälle eignen sich für den Kindergarten?

Es gibt mittlerweile so viele verschiedene Bälle, dass es fast unmöglich ist, sie alle aufzulisten. Jedes Sportspiel hat seinen eigenen Ball entwickelt, der in Größe, Gewicht und Material den jeweiligen spezifischen sportlichen Anforderungen angepasst ist. Es gibt jedoch eine ganze Reihe von Bällen, die Kindern bekannt sein sollten, auch wenn sich davon nicht alle auf Grund ihrer Beschaffenheit zum Spielen im Kindergarten eignen.

Wenn davon gesprochen wird, dass Kinder ein Ballgefühl ausbilden müssen, so darf nicht vergessen werden, dass die Hälfte dieses Begriffes aus dem Wort „Gefühl" besteht. Das ist kein sprachlicher Zufall, sondern in der Tat brauchen die Kinder Gelegenheit, Bälle zu erfühlen und zu erforschen. Idealerweise sollte jeder Kindergarten zwei identisch gefüllte Ballkisten besitzen, so dass die Kinder im Stuhlkreis einmal jeden Ball in Händen halten und erfühlen können. Wie fühlen sich die Bälle an? Worin unterscheiden sie sich? Wie heißt der Ball? Welche Bälle sind einander ähnlich? Auf diese Weise kann auch gemeinsam besprochen werden, warum bestimmte Bälle bestimmte Eigenschaften besitzen. Warum ist beispielsweise ein Volleyball weicher als ein Fußball? Und warum ist ein Tischtennisball leichter als ein Golfball? Was würde passieren, wenn jemand mit einem japanischen Papierball Fußball spielt?

Zwei Ballkisten lassen sich in der Regel leicht füllen, wenn Eltern oder Vereine nach abgespielten Bällen gefragt werden. Dabei könnten die Ballkisten z. B. folgende Bälle enthalten:

Baseball*

Basketball

Federball

Flummiball

Fluoreszierender Ball (Leuchtball)

Football*

Fußball

Golfball*

Gymnastikball

Hackey Sack

Handball

Hockeyball*

Hüpfball

Igelball

Japanischer Papierball

Jonglierball

Kooshball

Medizinball

Softball

Squashball*

Tennisball

Tischtennisball

Volleyball (idealerweise: Beachvolleyball)

Wasserball

Zeitlupenball**

* diese Bälle eignen sich im Kindergarten ausschließlich zum Kennenlernen für die Ballkiste und für taktile Spiele
** Zeitlupenbälle sind Bälle, die eine verlangsamte Flugbahn haben

Die finanziellen Möglichkeiten der Kindergärten sind leider in der Regel sehr begrenzt. Eine ganze Reihe von Bällen gehört jedoch zur Grundausstattung jeder Einrichtung. Dabei kann auch hier, insbesondere bei Tischtennis- und Tennisbällen, auf abgespielte Trainingsbälle aus den örtlichen Vereinen zurückgegriffen werden.

Ball	Minimumstückzahl	Idealstückzahl
Handbälle	halbe Gruppenstärke	Gruppenstärke
Softbälle	8	halbe Gruppenstärke
Tennisbälle	25	100
Tischtennisbälle	25	100
Flummibälle	halbe Gruppenstärke	Gruppenstärke
Fluoreszierende Bälle	2	halbe Gruppenstärke
Fußbälle	2	2
Gymnastikbälle	5	Gruppenstärke
Hackey Sack	2	halbe Gruppenstärke
Hüpfbälle	2	2
Igelbälle	2	Gruppenstärke
Japanische Papierbälle	halbe Gruppenstärke	Gruppenstärke

➜

Ball	Minimumstückzahl	Idealstückzahl
Jonglierbälle	Gruppenstärke	doppelte Gruppenstärke
Kooshbälle	2	Gruppenstärke
Medizinbälle	5	10
Zeitlupenbälle	2	halbe Gruppenstärke

Bälle für Kinder müssen in Umfang und Gewicht auf die kleinen Kinderhände abgestimmt sein. Bälle zum Werfen und Fangen sollten einen Umfang von ca. 46 cm und ein Gewicht von 200 – 220 g bei einem Luftdruck von 0,4 – 0,6 bar haben. Das entspricht der Handballgröße 0 oder Mini. Bälle, die auf Distanz geworfen werden, sollten einen Umfang von ca. 22 cm aufweisen, das entspricht der Größe eines Tennisballes. Fußbälle für Kinder haben im Idealfall einen Umfang von 58 – 60 cm und ein Gewicht von 300 – 320 g bei einem Luftdruck von 0,7 – 0,9 bar. Dies entspricht der Fußballgröße 3.

Wann immer die Spiele in diesem Buch Wurf- und Fangübungen enthalten, sind Handbälle als Ballart angegeben. Natürlich lassen sich diese Spiele auch mit anderen Bällen gleicher Größe und Gewichts spielen. Wichtig ist insbesondere beim Prellen, dass die Bälle auch einen entsprechenden Luftdruck und gleiche Prelleigenschaften aufweisen.

Um ein differenziertes Ballgefühl ausbilden zu können, sollten Kinder grundsätzlich die Gelegenheit haben, mit vielen unterschiedlichen Bällen zu spielen.

Ohne Regeln geht es nicht

Das Spielen mit Bällen stellt, wie jedes andere Sportspiel auch, eine Gefahrenquelle dar. Um Sachschaden und Verletzungen bestmöglich auszuschließen, ist es wichtig, dass gemeinsam bestimmte Regeln aufgestellt werden, an die sich alle jederzeit halten müssen. Die Kinder müssen deren Bedeutung und deren Wichtigkeit vor dem Spiel unbedingt verstanden haben.

Acht goldene Regeln für Ballspiele

1. Es werden nur Tätigkeiten mit den Bällen ausgeführt, die gemeinsam besprochen wurden. Beispielsweise werden Bälle, die nur gerollt werden dürfen, niemals geworfen.
2. Geworfen wird immer nur in die vorgegebene Richtung. Hat der Raum Fenster, so wird niemals in deren Richtung geworfen. Ausnahme: Softbälle.
3. Es wird grundsätzlich nur auf Signal der Erzieherin geworfen.
4. Bälle werden nur auf Signal der Erzieherin gesammelt.
5. Bälle werden beim Einsammeln getragen und niemals geworfen.
6. Bei gemeinsamen Erklärungen liegen alle Bälle bewegungslos auf dem Boden.
7. Die Kinder stehen beim Werfen seitlich soweit auseinander, dass jedes Kind seine Arme waagerecht ausstrecken kann und sich keine Fingerspitzen berühren.
8. Wird von einer Linie aus geworfen, so stehen Linkshänder in Wurfrichtung links außen.

Hierzu hat sich folgender Spruch bewährt, der zu Beginn jeder Bewegungseinheit gemeinsam gesprochen werden sollte:

Sport mag ich wirklich sehr.
Hier spielen wir ganz fair.
Keiner tut dem andern weh:
Versprochen, versprochen, versprochen,
das wird auch nicht gebrochen:
Ooooooookaaaaaay!

Dabei sitzen alle Kinder im Kreis und sprechen die ersten drei Zeilen gemeinsam. Nun gibt jedes Kind sein Versprechen, indem es laut sagt: „Versprochen", und seine Hand in die Mitte beziehungsweise auf die vorhergehende Hand legt, sodass ein „Händeberg" entsteht. Alle sprechen wieder gemeinsam: „Das wird auch nicht gebrochen". Am Ende folgt ein von unten nach oben gezogenes „Ooooooookaaaaaay!". Dabei stehen die Kinder auf, ihre Hände wandern als Berg nach oben, und am Ende ziehen sie ihre Hände nach oben weg.

Trotz aller Regeln ist der Einsatz von Bällen mit einer ganzen Kindergartengruppe häufig nicht machbar. Meistens sind die Bewegungsräume für eine solche Aktivität zu klein, die Ballausstattung ist nicht dementsprechend und es ist sehr schwierig und äußerst anstrengend, ein ausbrechendes Chaos zu vermeiden. Aus diesem Grund empfehlen wir, die Gruppe nach Alter zu teilen. Dies ermöglicht ein differenziertes Üben und Spielen, denn die motorischen Fähigkeiten der 3- bis 4-Jährigen unterscheiden sich in der Regel deutlich von denen der 5- bis 6-jährigen Kinder. Einige Spiele eignen sich natürlich durchaus, um mit der ganzen Gruppe gespielt zu werden. Sie machen umso mehr Spaß, je mehr Kinder mitmachen. Dies trifft insbesondere auf die Abwerfspiele, aber auch auf die ruhigeren Spiele zu.

Richtig werfen, fangen und prellen

Werfen

Der Schlagwurf ist die am häufigsten verwendete Wurfart. Er wird in vielen kleinen und großen Sportspielen eingesetzt (Abwerfspiele, Handball etc.) und in der Leichtathletik angewandt. Darüber hinaus bildet er die Grundlage für wichtige Schläge im Bereich der Rückschlagspiele.

Wie bereits erwähnt, geht es im Kindergarten nicht darum, dass die Kinder am Ende ihrer Kindergartenzeit einen technisch perfekten Schlagwurf ausführen können. Vielmehr geht es um die Vermittlung der Grundstruktur dieses Wurfes aus dem Stand (Standwurf), so dass die Kinder einen Ball gerade und über eine bestimmte Distanz werfen können.

Wie bei fast allen Bewegungsarten erlernen Kinder auch diesen Wurf nicht über die Theorie, sondern hauptsächlich über Imitation und Wiederholung. Sie übernehmen automatisch die Körperstellung des Vorführenden und der Rest folgt fast von selbst, denn Kinder erhalten anhand der Flugbahn des Balles und der Wurfweite sofort ein optisches Feedback. Sie sehen im direkten Anschluss, ob ihr Ball die von ihnen gewünschte Richtung genommen und sein Ziel erreicht hat. Das einzig Entscheidende dabei ist, dass die Kinder ein Vorbild haben, von dem sie sich die richtige Wurfart abschauen können.

Für die Kinder, die sich bereits eine falsche Wurfart angewöhnt haben, eignet sich die Aufstellung zweier Regeln, die gemeinsam eingehalten werden.

1. Jeder Wurf erfolgt einhändig (außer bei Spielen, die ausdrücklich beidhändige Würfe über Kopf erfordern)
2. Ein Fuß steht immer vorne. Mehr Theorie brauchen die Kinder in der Regel nicht. Der Abstand der Füße, die Drehung des Körpers, die Höhe des Ballabwurfs usw. verinnerlichen die Kinder durch Nachahmung und Ausprobieren ganz von alleine.

Damit jede Leserin und jeder Leser überprüfen kann, ob sie/er selbst richtig wirft, haben wir hier die wichtigsten Wurfphasen noch einmal in einem kurzen Überblick für Rechtshänder zusammengefasst. Für Linkshänder ist der Wurfablauf spiegelbildlich.

Der Ball wird von Daumen, Zeige- und Mittelfinger der Wurfhand gehalten. Der Ringfinger sichert den Ball seitlich ab, so dass er nicht aus der Hand rutscht.

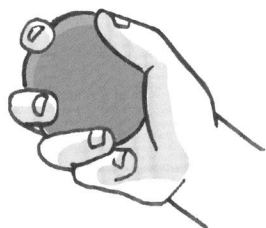

Der Ball wird in beide Hände genommen. Die Arme werden lang in Schulterhöhe nach vorne ausgestreckt. Bei Rechtshändern steht der linke Fuß vor dem Körper und zeigt leicht nach diagonal vorne rechts. Der hintere rechte Fuß steht ebenfalls leicht schräg. Das Gewicht liegt auf dem vorderen Fuß.

Der Ball wird nun mit dem gebeugten oder gestreckten rechten Arm nach hinten in Kopfhöhe geführt. Das Körpergewicht liegt vollständig auf dem hinteren rechten Fuß. Der linke Arm zeigt in Wurfrichtung. Durch das Öffnen des Körpers und das Führen des Armes nach hinten dreht sich der rechte Fuß ein wenig nach außen.

Nun wird das Körpergewicht zurück auf das vordere linke Bein verlagert, der Wurfarm mit Schwung nach vorne geführt und der Ball in Höhe des vorderen Fußes geradlinig nach vorne abgeworfen. Hierbei ist entscheidend, dass das Handgelenk nicht abknickt. Kopf und Augen fixieren das Ziel.

All diese Vorgänge geschehen in einer fließenden Bewegung.

Wichtig: Kinder sollten das Werfen immer mit beiden Händen üben. Dabei wird zunächst einige Male mit der rechten Hand geworfen und anschließend noch einmal genauso oft mit der linken Hand.

Fangen

Beidhändiges Fangen eines geworfenen Balles aus der Luft in Brust- und Schulterhöhe

Der Ball wird mit beiden Händen vor dem Körper angenommen. Dabei sind die Arme angewinkelt in Kopf-/ Schulterhöhe vor dem Körper und die Hände bilden mit gespreizten Fingern einen Trichter. Damit dies gelingt, ist die erste wichtige Voraussetzung der direkte Blickkontakt zum Ball und seiner Wurflinie.

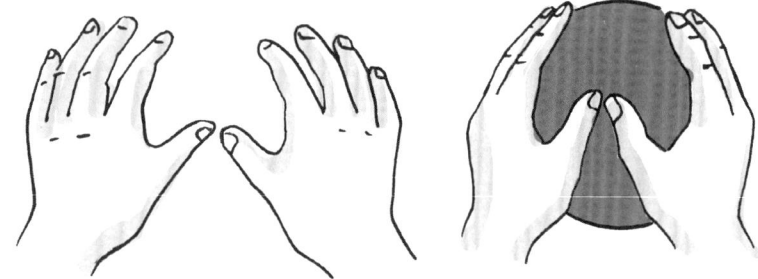

Beidhändiges Fangen eines tief geworfenen oder gerollten Balles am Boden

Die Hände zeigen dem Ball offen mit den Fingern nach unten entgegen. Sie bilden eine sogenannte „Schaufel". Dabei sind die Arme angewinkelt. Der Ball wird mit beiden Händen vor dem Körper angenommen.

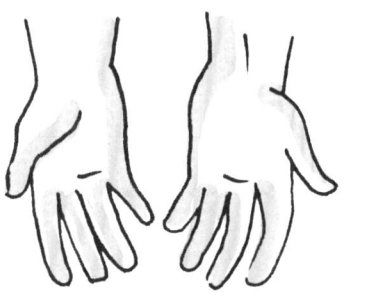
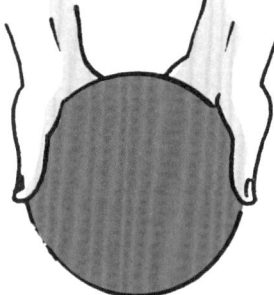

Prellen

Um einen Ball prellen zu können, braucht es in erster Linie ein lockeres Handgelenk. Dabei wird der Ball seitlich vor dem Körper mit den gespreizten Fingern einer Hand in Hüfthöhe auf den Boden geprellt. Beim Prellen im Stand sollten die Füße in Schulterhöhe auseinander stehen und die Knie leicht gebeugt sein. Die Kinder werden in der Regel den Ball mit ihren Augen fixieren, was für den Anfang auch in Ordnung ist. Sobald ein Kind jedoch die Technik und dabei vor allem das lockere Handgelenk verinnerlicht hat, sollte der Blick überwiegend nach vorne gerichtet sein.

Wichtig: Das Prellen soll bei Kindern immer mit beiden Händen nacheinander geübt werden. Auch das abwechselnde Prellen zwischen rechts und links erfordert Übungspraxis.

Von Bällen, Spielkategorien und Schwierigkeitsstufen

Bevor es zu den Spielen geht, hier noch einige kurze Anmerkungen. Um einen schnellen Überblick über die einzelnen Spiele gewinnen zu können, sind jedem Spiel Informationen über Bälle, Materialien, Kategorie und Schwierigkeitsgrad vorangestellt.

Dabei umfasst „Bälle" die Ballart, mit der sich das Spiel ideal umsetzen lässt. Natürlich sollen sich die Kinder mit vielen Ballarten so oft wie möglich beschäftigen, d. h. das Einsetzen anderer Bälle ist erwünscht. Einige Ballarten dürfen auch als Synonyme verstanden werden, wie beispielsweise der „Handball". Natürlich können hier auch „normale" Spielbälle eingesetzt werden, wenn nicht genügend Handbälle vorhanden sind. Werden andere Bälle eingesetzt, so ist lediglich zu beachten, dass der neue Ball die Eigenschaften besitzt, die das Spiel zur praktischen Umsetzung benötigt.

Unter „Material" sind alle anderen notwendigen Requisiten aufgeführt. Nicht erwähnt sind dabei Materialien, die zur Herstellung eines Spielfeldes benötigt werden. Weist ein Hallenboden keine Spielfeldmarkierungen auf, so können Begrenzungslinien je nach Beschaffenheit des Bodens mit Kreide oder Kreppklebeband (Malerbedarf) schnell eingerichtet werden.

Der Oberbegriff „Kategorie" beinhaltet die Spielarten Solo (= Alleine), Partner (= zu zweit), Gruppe (= viele Kinder, deren Einzelleistung zusammen zählt) und Team (= viele Kinder, die sich gegenseitig unterstützen, d. h. gemeinsam spielen müssen).

Die „Schwierigkeitsgrade" sind in 3 Stufen gegliedert. Die Einordnung erfolgte dabei sowohl auf Grund der motorischen Anforderungen als auch auf Grund der Spielregelstruktur.

Jedes Spiel in diesem Buch fördert eine Vielzahl ineinander greifender Kompetenzen und Fertigkeiten. Die Schwerpunkte der Förderziele eines jeden Spiels sind neben den Informationen angegeben.

Zu guter Letzt soll nicht unerwähnt bleiben, dass alle Spielregeln als Anregungen und als erster Rahmen zu verstehen sind. Wenn Kinder selbstständig aktiv werden und Spiele weiter entwickeln oder Regeln ändern, so ist das wunderbar. Spielregeln sind nicht starr. Ein Spiel lebt davon, dass die Spielenden Spaß an ihm haben. Die einzige Voraussetzung ist, dass die Regeln allen Teilnehmern zu Beginn des Spieles klar sind. Auch kann es passieren, dass sich eine Regel für die eine Gruppe als nicht ideal erweist. Dies ist ein Zeichen zum selbstständigen Ändern und Anpassen. Alle Spiele weisen einen großzügigen Rahmen für eigene Kreativität auf und laden dazu explizit ein.

Kinder lieben Ballspiele

Spiele zum Erfühlen und Erforschen

Wer bin ich

- **Ball:** Viele verschiedene Bälle, wenn möglich pro Kind ein Ball
- **Material:** –
- **Kategorie:** Solo
- **Schwierigkeitsgrad:** leicht

taktile Wahrnehmung

Spielregel:
Die Kinder sitzen auf Stühlen in einem Kreis. Ihre Hände halten sie hinter den Stuhlrücken. Nun bekommt jedes Kind einen Ball in seine Hände. Wer kann nur durch Erfühlen erraten, welchen Ball er in Händen hält?

Partner gesucht

- **Ball:** Viele verschiedene Bälle, je zwei pro Ballart
- **Material:** Tücher zum Augen verbinden
- **Kategorie:** Solo
- **Schwierigkeitsgrad:** leicht bis mittel

taktile Wahrnehmung

Spielregel:

Zwei Drittel der Kinder sitzen auf ihren Unterschenkeln auf dem Boden. Dabei sitzen sie sehr dicht aneinander und bilden den Außenkreis. Ihre Augen sind verbunden. Vor je zwei Kindern sitzt ein drittes Kind, das den beiden hilft und seine Hände auf je einem der beiden Oberschenkel eines Kindes liegen hat, so dass die Kinder mit den verbundenen Augen wissen, dass sie nicht alleine sind. Jedes Kind im Außenkreis erhält einen Ball, den es befühlt und vor sich ablegt. Nun werden die dazugehörigen Partnerbälle in den Kreis gegeben und in der Runde außen herumgereicht. Hierbei helfen ebenfalls die Kinder im Innenkreis. Sobald ein Kind seinen Ball erkannt hat, legt es ihn ebenfalls vor sich ab und gibt die kommenden Bälle einfach weiter.

Variante:

Einem Kind werden die Augen verbunden. Es erhält einen Ball aus der ersten Ballkiste. Nun ist es seine Aufgabe, den gleichen Ball aus der zweiten Kiste herauszufinden.

In Nachbars Garten

- 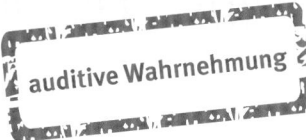 **Ball:** Verschiedene Bälle (zwei Bälle pro Ballart), z. B. Tennisball, Handball, Flummi, Golfball, Tischtennisball, Kooshball etc.
- **Material:** –
- **Kategorie:** Solo
- **Schwierigkeitsgrad:** leicht bis mittel

auditive Wahrnehmung

Geschichte:

Einigen Kindern sind am Nachmittag beim Spielen ihre Bälle über die große Hecke in Nachbars Garten gefallen. Der Nachbar ist nicht gerade nett und behält normalerweise alle Bälle, die in seinem Garten landen. Heute will er eine Ausnahme machen. Vorausgesetzt, jedes Kind kann seinen Ball an dem jeweiligen Fallgeräusch erkennen.

Spielregel:

Die Kinder sitzen in einem Kreis. Ihre Rücken zeigen zur Kreismitte. Jedes Kind hat einen Ball erhalten. Die Erzieherin ist im Besitz des jeweiligen Partnerballes und lässt nun einen Ball auf den Boden fallen. Dies wiederholt sie einige Male. Welches Kind kann anhand des dabei entstehenden Geräusches seinen Ball erkennen?

Was kann mein Ball?

- **Ball:** Viele verschiedene Bälle, je einer pro Kind
- **Material:** Je ein Reifen pro Kind, Laufmusik
- **Kategorie:** Solo
- **Schwierigkeitsgrad:** leicht

taktile Wahrnehmung
Differenzierung
Gleichgewicht

Spielregel:

Die Reifen werden im Raum verteilt. In jeden Reifen wird ein Ball gelegt.
Während die Musik läuft, laufen alle Kinder frei durch den Raum. Dabei darf kein Reifen berührt werden.
Wenn die Musik stoppt, läuft jedes Kind in einen Reifen und erforscht den darin liegenden Ball. Dabei könnten z. B. folgende Fragen beantwortet werden:

Lässt er sich ...

- ... auf den Boden werfen und wieder auffangen?
- ... nur mit den beiden Zeigefingern vom Boden aufheben?
- ... leicht von einer Hand in die andere wechseln?
- ... leicht auf der Handinnenfläche eines ausgestreckten Arms balancieren?
- ... vorne auf dem Fuß halten?
- ... in der Ellenbeuge halten?
- ... auf dem Ellenbogen auf einem vor dem Körper abgeknickten Arm balancieren?
- ... auf dem Knie balancieren?
- ... auf dem Reifenrand mit einer Hand rollen?
- ... leicht im Sitzen um den eigenen Körper rollen?
- ... leicht im Stehen um den eigenen Rumpf rollen?

Ballspiele zum Rollen

Halt den Ball

- **Ball:** Ein Softball oder ein Handball pro Kinderpaar (abhängig vom Alter der Kinder)
- **Material:** –
- **Kategorie:** Partnerspiel
- **Schwierigkeitsgrad:** leicht

Spielregel:
Beide Kinder sitzen einander in einem Abstand von ca. drei Metern auf ihren Unterschenkeln gegenüber. Sie rollen sich den Ball gegenseitig zu. Dabei wird der Ball aber nicht immer geradeaus gerollt, sondern auch mal rechts oder links am Kind vorbei. Der Abstand sollte jedoch immer nur so groß sein, dass die Kinder den Ball auch erreichen können.
Es ist wichtig, dass der Ball beim Fangen immer mit zwei Händen gehalten wird.

Tipp:
Alle Paare sollten in Linien im Raum verteilt sitzen.
Der Schwierigkeitsgrad lässt sich steigern, indem ein kleinerer Ball gewählt wird.

Variante:
Die Kinder werfen den Ball vorsichtig einander zu.

Variante:

Ein Kind steht und versucht den heranrollenden Ball mit dem rechten Fuß zu halten, indem es ihn mit der Fußsohle stoppt. Anschließend wird der Ball sanft mit dem Fuß zu dem sitzenden Mitspieler zurückgerollt. Auf ein Signal der Erzieherin hin wird der Ball mit dem linken Fuß gehalten.

Variante:

Ein Kind steht mit gegrätschten Beinen und mit dem Rücken zu seinem Partnerkind, das in der Hocke sitzt. Es rollt den Ball durch seine Beine zu dem hockenden Kind, das den Ball fängt und wieder zurück rollt. Rollenwechsel nach 10 Runden.

Gassi gehn

- **Ball:** Handbälle, je ein Ball pro Paar
- **Material:** Rollbretter, je eines pro Paar
- **Kategorie:** Partner
- **Schwierigkeitsgrad:** mittel

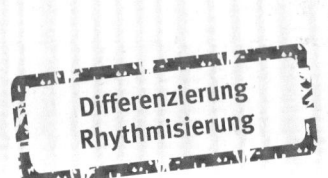

Spielregel:

Die Kinder gehen paarweise zusammen. Jedes Paar erhält ein Rollbrett und einen Ball. Ein Kind setzt sich im Schneidersitz auf das Rollbrett und wird von dem Partner durch den Raum geschoben. Parallel dazu versucht es, den Ball mit der rechten Hand neben sich herzurollen. Auf dem Rückweg ist dann die linke Hand dran. Anschließend werden die Rollen getauscht.

Torwart

- **Ball:** Handbälle, ein Ball weniger als die Gesamtzahl der Mitspieler
- **Material:** –
- **Kategorie:** Gruppe
- **Schwierigkeitsgrad:** mittel

Antizipation
Reaktion

Spielregel:

Ein Kind steht an einem Ende des Raums (Torwart). Alle anderen Kinder hocken in einer Linie nebeneinander. Jedes Kind erhält einen Ball. Nacheinander rollt jedes Kind seinen Ball mit beiden Händen auf den Torwart zu, der versucht jeden Ball mit dem Fuß zu stoppen. Kleinere Kinder können den Ball natürlich auch mit beiden Händen auffangen.

Variante (schwer):

Ein Kind (Läufer) stellt sich an einem Ende des Raums auf. Alle anderen Kinder sitzen in einer Reihe in einem Abstand von zwei Metern nebeneinander. Jedes dieser Kinder erhält einen Ball. Die Kinder rollen ihren Ball nacheinander dem Läufer zu, der versucht, die Bälle mit dem Fuß zu stoppen. Das Kind, das die meisten Bälle gehalten hat, gewinnt.

Ball trifft Ball

- **Ball:** Handbälle, mindestens einer pro Kind, vier Medizinbälle
- **Material:** –
- **Kategorie:** Gruppe
- **Schwierigkeitsgrad:** mittel

Auge-Hand-Zielkoordination

Spielregel:

Alle Kinder sitzen nebeneinander an einem Ende des Raums. Jedes Kind hat mindestens einen Ball. In einem Abstand von zwei Metern liegen vier Medizinbälle in einer Reihe, welche die Kinder mit ihren Handbällen durch Rollen versuchen zu treffen.

Tipp:

Der Schwierigkeitsgrad kann durch den Abstand zum Medizinball gesteigert werden.

Variante:

Das Spiel sollte auch mit zwei anderen Ballarten, z. B. Handbällen und Tennisbällen, ausprobiert werden.

Der böse Drache

- **Ball:** Acht Handbälle, mindestens zwei pro Kind, ein Fußball
- **Material:** Ein Tauchring
- **Kategorie:** Gruppe
- **Schwierigkeitsgrad:** mittel

Geschichte:

Ein böser Drachenkönig bedroht das Dorf Glandolia und seine Einwohner. Niemand traut sich mehr aus seinem Haus heraus, niemand spielt mehr auf den Wiesen. „Das muss ein Ende haben!", sagen die Leute eines Tages und beschließen, den Drachenkönig zu besiegen. Doch das ist gar nicht so einfach, denn dieser wird von vielen kleineren Drachen bewacht.

Spielregel:

In die Mitte des Raumes wird der Fußball auf den Tauchring gelegt. In einem halben Meter Abstand werden rundherum die Handbälle gelegt. Die Kinder schleichen sich bis zu einem Abstand von ca. drei Metern rundherum an und versuchen den Drachenkönig zu treffen, indem sie ihre Bälle auf die Handbälle rollen, die dann ihrerseits den Drachen treffen. Der Drache ist besiegt, wenn er von seinem Thron, dem Tauchring, herunterrollt.

Gespensterball

- **Ball:** Ein bis zwei fluoreszierende Bälle
- **Material:** –
- **Kategorie:** Gruppe
- **Schwierigkeitsgrad:** leicht

Geschichte:
Die Gespenster treffen sich zu Mitternacht im Schlossgarten und spielen Ball.

Spielregel:
Die Kinder sitzen in einem dunklen Raum in einem großen Kreis und rollen sich ein oder zwei fluoreszierende Bälle zu.

Variante:
Die Kinder stehen im Kreis und spielen einander den Ball zu. Auch alle Varianten aus dem Spiel „Über den Kopf und durch die Beine" von Seite 78 können mit viel Spaß mit den Leuchtbällen umgesetzt werden.

Ab durch die Lücke

- **Ball:** 6 – 8 Gymnastikbälle, Handbälle, mindestens zwei pro Kind
- **Material:** –
- **Kategorie:** Gruppe
- **Schwierigkeitsgrad:** leicht bis mittel

Spielregel:

Die Kinder knien nebeneinander in einer Linie. In einem Abstand von ca. zehn Metern werden die Gymnastikbälle am Boden aufgereiht. Die Kinder versuchen ihre kleineren Handbälle durch die Lücken zwischen den Gymnastikbällen hindurchzurollen, ohne dass diese berührt werden. Je kleiner die Lücken zwischen den großen Bällen sind, desto schwieriger ist die Aufgabe.

Tipp:

Das Spiel sollte auch mit anderen Ballgrößen ausprobiert werden, z. B. Handbällen und Tennisbällen.

Grenzstreifen

- **Ball:** 3 – 5 Gymnastikbälle, mindestens zwei Handbälle pro Kind
- **Material:** Kreppband, Kreide o. Ä. zur Markierung des Grenzstreifens
- **Kategorie:** Team
- **Schwierigkeitsgrad:** leicht

Spielregel:

In der Mitte des Raumes wird ein Grenzstreifen von ca. 3 – 5 Metern markiert. Die Kinder werden in zwei gleich starke Gruppen eingeteilt, die jeweils an einem Ende des Raums knien. Die Gymnastikbälle werden in die Mitte des Grenzstreifens gelegt. Jedes Kind erhält mindestens zwei Handbälle und jedes Team versucht durch Rollen seiner Bälle, die Gymnastikbälle in das Gebiet der gegnerischen Mannschaft zu treiben. Wer nach fünf Minuten die meisten Gymnastikbälle in seinem Feld hat, hat verloren.

Gelingt es einer Mannschaft, einen Gymnastikball hinter die Kinderreihen des Gegners zu spielen, so erhält die Mannschaft zwei Punkte und der Ball wird wieder in die Mitte des Grenzstreifens gelegt.

Grenzverteidigung

- **Ball:** Handbälle, mindestens zwei pro Kind
- **Material:** –
- **Kategorie:** Gruppe
- **Schwierigkeitsgrad:** leicht

Geschichte:
Der böse Zauberer von Xorxowo versucht heute, mit seinen Zaubersprüchen die Landesgrenze zu passieren. Seine bösen Verse hat er zur Tarnung alle in Bällen versteckt. Zum Glück ist die Grenze gut von aufmerksamen Zöllnern bewacht.

Spielregel:
Die Kinder werden in zwei gleich starke Gruppen eingeteilt. Die Mitglieder jeder Gruppe knien in einer Linie nebeneinander. Beide Gruppen sitzen einander in einem Abstand von mindestens zehn Metern gegenüber. Jedes Kind erhält einen Ball und jede Mannschaft versucht, ihren Ball hinter die Linie des Gegners zu rollen und damit einen Punkt zu erzielen. Gleichzeitig versucht jedes Kind, die gegnerischen Bälle abzuwehren. Bälle, die die Grenze passiert haben, dürfen nicht wieder ins Spiel gebracht werden.

Tipp:
Hinter den Kindern können auch leere Plastikflaschen oder -becher aufgestellt werden, die es gilt, mit den Bällen umzuwerfen.

Variante:
Das Spiel kann natürlich auch mit anderen Bällen oder auch mit vielen unterschiedlichen Bällen gespielt werden.

Durch die Tunnel

- ● **Ball:** Tischtennis- oder Golfbälle, je ein Ball pro Kind
- ● **Material:** Acht Seile
- ● **Kategorie:** Solo
- ● **Schwierigkeitsgrad:** mittel

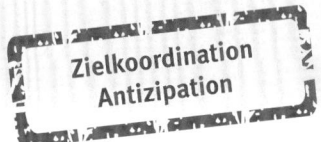

Geschichte:
Viele schmale Tunnel führen durch hohe Berge und unter großen Flüssen hindurch. Wer schafft es, seinen Ball durch die Tunnel zu rollen, ohne dass er stecken bleibt oder den Tunnel durch einen Notausgang verlässt?

Spielregel:
Die Seile werden parallel in die Raummitte gelegt. Dabei bilden immer zwei Seile einen Tunnel und diese werden von Mal zu Mal enger.
Jedes Kind erhält einen Ball und beginnt an dem linken Seiltunnel. Es versucht seinen Ball durch Rollen durch den Tunnel zu bringen. Jedes Mal, wenn der Ball einen Tunnel passiert hat, sammelt das Kind seinen Ball wieder ein und geht zum nächsten. Ist das nicht gelungen, so versucht das Kind, den gleichen Tunnel noch einmal zu passieren.

Tipp:
Das Spiel sollte aus drei Durchgängen bestehen, wobei jedes Mal der Startpunkt weiter nach hinten verlegt wird, z. B. drei, sechs und zehn Meter.

Ballweitergabe

- **Ball:** Zwei Handbälle
- **Material:** –
- **Kategorie:** Team
- **Schwierigkeitsgrad:** leicht

Spielregel:

Die Kinder werden in zwei gleich starke Mannschaften aufgeteilt, die sich breitbeinig hintereinander aufstellen. Die jeweils ersten Spieler jeder Mannschaft erhalten einen Ball.

Auf ein Startsignal hin rollen sie den Ball durch die Beine der Mannschaft. Der letzte Spieler fängt ihn mit beiden Händen auf, läuft nach vorne und rollt ihn seinerseits wieder durch die Beine nach hinten. Die Gruppe, deren Startspieler als erster wieder vorne steht, hat gewonnen.

Varianten:
- Der Ball wird über die Köpfe der Kinder nach hinten gereicht.
- Der Ball wird abwechselnd zwischen den Beinen hindurch und über den Kopf nach hinten gegeben.
- Der erste Spieler läuft mit dem Ball zu einem vorher vereinbarten Ziel, z. B. einem Reifen, der am anderen Ende des Raums liegt, prellt den Ball einmal beidhändig in den Reifen, fängt ihn mit beiden Händen wieder auf, läuft zurück und stellt sich hinter seiner Gruppe wieder an. Jetzt rollt er den Ball durch die Beine seiner Mitspieler nach vorne, wo er von dem Ersten aufgefangen wird. Dieser läuft nun seinerseits zu dem Reifen usw.
- Die Spieler stehen in einem Abstand von einem Meter hintereinander. Der erste Spieler dreht sich um, prellt den Ball auf den Boden, der von dem zweiten Spieler gefangen wird. Dieser wendet sich nun seinem Hintermann zu und gibt den Ball auf gleiche Art und Weise weiter.

Stuhlkreisfußball

- **Ball:** Ein Spielball
- **Material:** Je ein Stuhl pro Kind, eine rote Karte
- **Kategorie:** Team
- **Schwierigkeitsgrad:** mittel

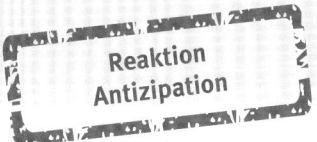

Reaktion
Antizipation

Spielregel:
Es wird ein Stuhlkreis aufgestellt, in dem die Stühle in einem Abstand von ca. einem halben Meter nebeneinander stehen. Die Kinder werden in zwei gleich starke Mannschaften eingeteilt. Die Kinder eines Teams sitzen alle nebeneinander. Das Ziel des Spiels ist es, den Ball auf der Seite des Gegners aus dem

Kreis heraus zu kicken und auf der eigenen Seite möglichst kein Tor zu kassieren. Dabei darf der Ball nur im Sitzen gekickt werden und der Ball muss jederzeit Bodenkontakt haben. Sobald ein Kind den Ballkontakt hat und dabei nicht fest auf dem Stuhl sitzt oder den Ball derart spielt, dass dieser durch die Luft fliegt, erhält es die rote Karte und muss für eine Strafminute aus dem Kreis.

Variante:
Auf der Seite des Gegners dürfen je drei Mitglieder des eigenen Teams sitzen. Jede Mannschaft darf entscheiden, an welcher Stelle des Halbkreises sie ihre Teamkameraden platziert.

Stehkreisfußball

- ● **Ball:** Zwei Softbälle
- ● **Material:** Kreide, eine rote Karte
- ● **Kategorie:** Team
- ● **Schwierigkeitsgrad:** mittel

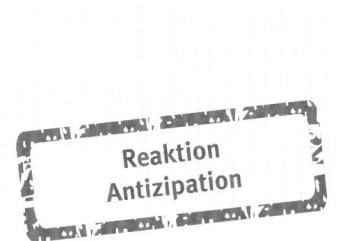

Reaktion
Antizipation

Spielregel:
Vier Kinder bilden ein Team und spielen mit zwei Softbällen in der Kreismitte. Alle anderen Kinder bilden einen großen Kreis. Dabei stehen sie mindestens so weit voneinander entfernt, dass jedes Kind seine Arme zur Seite ausstrecken kann, ohne die Finger des Nachbarkindes zu berühren. Mit Kreide wird eine Linie entlang der Füße der Kreiskinder gezogen. Diese darf von ihnen nicht übertreten werden. In einem Abstand von einem Meter wird eine weitere Innenkreislinie gezeichnet. Auch diese darf nicht übertreten werden. Die vier Kinder in der Mitte versuchen die Softbälle durch Kicken aus dem Kreis herauszurollen. Die Kinder außen versuchen dies mit ihren Füßen zu verhindern.

Tipp:
Je nach Anzahl der Kinder und der davon abhängigen Kreisgröße können in der
Mitte auch nur zwei oder drei Kinder mit Softbällen spielen.

Spiele zum Werfen und Fangen

Auf den Boden

- **Ball:** Je ein Handball pro Kind
- **Material:** –
- **Kategorie:** Solo
- **Schwierigkeitsgrad:** einfach bis schwer

Spielregel:
Jedes Kind erhält einen Handball und sucht sich einen freien Platz im Raum. Zur Ausbildung eines Ballgefühls eignen sich folgende Übungen:

Den Ball
- mit beiden Händen auf den Boden vor die eigenen Füße werfen und mit beiden Händen wieder auffangen.
- mit beiden Händen auf den Boden neben den rechten Fuß werfen und mit beiden Händen wieder auffangen (anschließend neben den linken Fuß).
- mit beiden Händen auf den Boden vor die eigenen Füße werfen, einmal in die eigenen Hände klatschen und den Ball mit beiden Händen wieder auffangen.
- mit der rechten Hand auf den Boden vor die eigenen Füße werfen und mit beiden Händen wieder auffangen (anschließend mit der linken Hand werfen).

- mit der rechten Hand auf den Boden vor die eigenen Füße werfen und mit der linken Hand wieder auffangen (anschließend Händetausch).
- aus Hüfthöhe mit beiden Händen gerade nach oben werfen und mit beiden Händen wieder auffangen.
- aus Hüfthöhe mit beiden Händen gerade nach oben werfen, ihn einmal auf den Boden aufkommen lassen und mit beiden Händen wieder auffangen.
- aus Hüfthöhe mit beiden Händen gerade nach oben werfen, einmal in die eigenen Hände klatschen und mit beiden Händen wieder auffangen.
- aus Hüfthöhe mit beiden Händen gerade nach oben werfen, in die Hocke gehen und mit beiden Händen wieder auffangen.
- mit gestreckten Armen mit beiden Händen gerade nach oben werfen und mit beiden Händen wieder auffangen.
- nach oben werfen, einmal am Boden auftippen lassen und wieder auffangen.

Tipp:

Die Dauer der Aufgaben wird durch die Motivation der Kinder und ihr Können bestimmt. Grundsätzlich wird mit den einfachen Übungen begonnen, deren Schwierigkeitsgrad sich nach und nach steigert.

Variante:

Die Kinder gehen paarweise zusammen. Ein Kind erhält jeweils eine Pylone, mit der es versucht den Tennisball, den das Partnerkind wirft, aufzufangen.

Zielkoordination
Antizipation
Differenzierung

Weit, weiter, am weitesten

- ● **Ball:** Je ein Handball pro Kind
- ● **Material:** –
- ● **Kategorie:** Solo
- ● **Schwierigkeitsgrad:** leicht

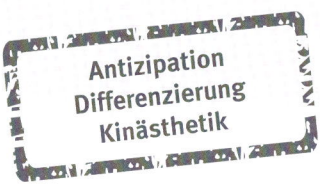

Antizipation
Differenzierung
Kinästhetik

Spielregel:

Alle Kinder stellen sich in einer Linie nebeneinander auf und werfen Bälle gleichzeitig in mehreren Durchgängen. Dabei werden die Wurfebenen mit immer anderen Wurfarten kombiniert. Anschließend wird gemeinsam überlegt, wie am weitesten geworfen werden kann, wie am stärksten, aus welcher Position es am schwierigsten war usw.

Wurfebenen	Wurfarten	Abwurfhöhen
Im Stand	einhändig	über Kopfhöhe
Im Langsitz	beidhändig	Schulterhöhe
Im Schneidersitz		Brusthöhe
Im Sitzen auf den Unterschenkeln		
Im Liegen auf dem Bauch		

Tipp:

Die Kinder mit anderen Bällen werfen lassen und gemeinsam überlegen, ob immer die gleiche Wurfart bei allen Bällen gleich leicht fällt. Dabei sollten jedoch zwei Bälle verwendet werden, die in ihren Eigenschaften stark voneinander abweichen, z. B. Tennisball und Medizinball.

In das Feld

- **Ball:** Kooshbälle oder Jonglierbälle
- **Material:** Kreppband
- **Kategorie:** Solo
- **Schwierigkeitsgrad:** leicht bis mittel

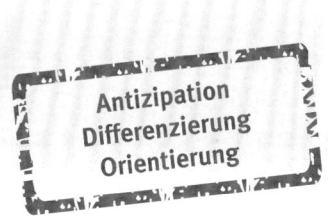

Spielregel:

Auf den Boden wird ein Kästchenfeld geklebt. Dieses darf ruhig von Mal zu Mal variieren. Die Kinder versuchen, ihren Ball in ein zuvor vereinbartes Kästchen zu werfen.

Beispiele für Felder können sein:

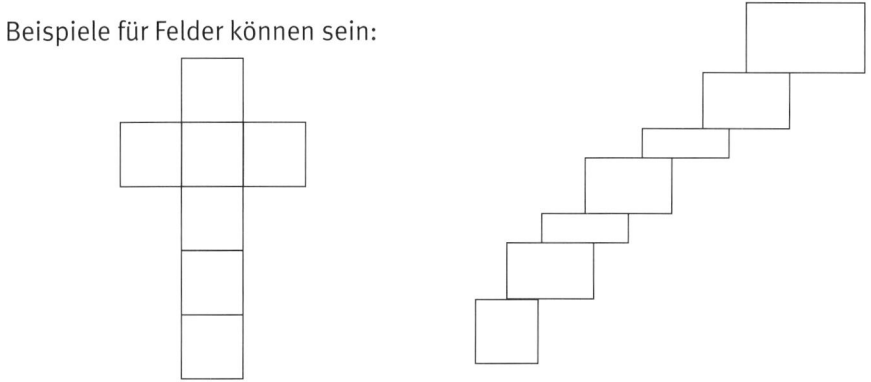

An die Wand

- **Ball:** Je ein Handball pro Kind
- **Material:** –
- **Kategorie:** Solo
- **Schwierigkeitsgrad:** leicht bis schwer

Spielregel:

Alle Kinder stellen sich in eine Reihe gegenüber einer Wand auf (Abstand ca. ein bis zwei Meter, je nach Größe und Alter). Jedes Kind erhält einen Handball und versucht folgende Übungen:

- Den Ball mit der rechten Hand an die Wand werfen und mit beiden Händen wieder auffangen (anschließend mit der linken Hand).
- Den Ball mit beiden Händen von über Kopf an die Wand werfen, einen Schritt zurück gehen, den Ball einmal auf den Boden aufkommen lassen und mit beiden Händen wieder auffangen.

Variante:

Eine Matte wird senkrecht an eine Wand gestellt und mit Klebeband in neun Felder geteilt. Wer kann die Mitte der Matte treffen? Wer trifft rechts unten und wer trifft links oben?

Fahrende Bälle

- **Ball:** So viele Tennisbälle wie möglich, vier Handbälle
- **Material:** Zwei Rollbretter, vier Tauchringe
- **Kategorie:** Solo
- **Schwierigkeitsgrad:** schwer

Spielregel:

Die Kinder sitzen in einer Linie auf ihren Unterschenkeln. Jeweils zwei Handbälle werden auf je einem Tauchring auf ein Rollbrett gelegt und von der Erzieherin auf der einen Seite angestoßen, so dass sie in einem Abstand von ca. zwei Metern an den Kindern vorbei fahren. Diese versuchen mit den Tennisbällen die Handbälle von den Rollbrettern herunterzuwerfen.

Tipp:

Wird an einem Ende des Rollbrettes ein Haken hineingeschraubt, kann dort ein Seil befestigt und das Rollbrett durch den Raum gezogen werden.

Von der einen Wand zur anderen Wand

- **Ball:** Je ein Handball pro Kind
- **Material:** Zwei Kisten
- **Kategorie:** Gruppe
- **Schwierigkeitsgrad:** leicht

Orientierung
Antizipation
Kopplung

Spielregel:

Die Kinder werden in zwei gleich starke Gruppen eingeteilt. Beide Gruppen stellen sich in die Mitte des Raumes in zwei Reihen nebeneinander. Jedes Kind erhält einen Ball. Auf jeder Seite des Raumes wird je eine Kiste aufgestellt.

Auf ein gemeinsames Startsignal laufen die ersten Kinder zur Wand, werfen ihren Ball gegen die Stirnseite der Wand, lassen ihn einmal auf dem Boden aufkommen und fangen ihn wieder auf. Jetzt geht es zu der Kiste, in die sie den Ball hineinlegen. Sobald der Ball in der Kiste ist, darf das nächste Kind starten.

Tipp:
Für manche Kinder ist es schwierig, den richtigen Abstand zur Wand einzuschätzen. Anfangs kann daher durch eine Markierung mit Kreppband oder einem Reifen unterstützt werden.

So hoch wie möglich

- **Ball:** Softbälle, später Handbälle, je ein Ball pro Kinderpaar
- **Material:** Zauberschnur oder Absperrband
- **Kategorie:** Partner
- **Schwierigkeitsgrad:** mittel

Antizipation
Differenzierung
Kopplung

Spielregel:
Ein Band wird in einer Höhe von ca. eineinhalb Metern durch den Raum gespannt. Die Kinder stellen sich paarweise einander gegenüber auf. Dabei steht jedes Kind auf einer Seite des Bandes. Gemeinsam erhalten sie einen Softball. Jedes Kind versucht, den Ball über die Schnur seinem Partnerkind zuzuspielen. Dabei wird beidhändig aus Stirnhöhe geworfen. Das Kind auf der anderen Seite versucht, den Ball zu fangen. Das Spiel kann auch mit einem Handball gespielt werden. Allerdings sollte dann der Ball zunächst einmal vor dem Fangen auf dem Boden aufspringen.

So weit wie möglich

- ● **Ball:** So viele Tennisbälle wie möglich, aber mindestens drei pro Kind
- ● **Material:** –
- ● **Kategorie:** Solo
- ● **Schwierigkeitsgrad:** leicht

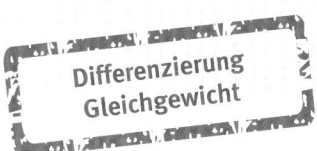

Spielregel:

Alle Kinder stellen sich in einer Reihe an einem Ende des Raums auf. Jedes Kind erhält mindestens drei Tennisbälle, die es versucht so gerade und so weit wie möglich zu werfen. Nicht vergessen: beim zweiten Durchgang Handwechsel.

Tipp:

Seile oder Bänke können in unterschiedlichen Abständen Entfernungspunkte markieren.

Variante:

Die Aufgabe wird schwieriger, wenn die Kinder Anlauf nehmen dürfen.

So genau wie möglich

- **Ball:** So viele Tennisbälle wie möglich
- **Material:** Seil oder Baustellenband, Zeitungspapier, Wäscheklammern
- **Kategorie:** Solo
- **Schwierigkeitsgrad:** leicht bis mittel

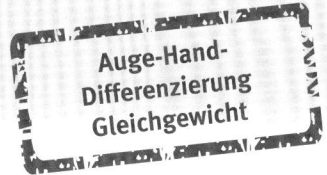

Auge-Hand-
Differenzierung
Gleichgewicht

Spielregel:

Ein Seil wird in einer Höhe von ca. 1,20 Metern quer durch den Raum gespannt. Mit Wäscheklammern werden daran Zeitungspapierseiten aufgehängt. Alle Kinder stellen sich nun in vier Reihen hintereinander auf. Die Tennisbälle liegen in Kisten, die an den Wurfpunkten stehen. Das jeweils erste Kind versucht nun mit den Tennisbällen die Zeitungen abzuwerfen. Jedes Kind hat drei Würfe.

Variante 1:

Die Kinder werfen in Kästen, Kartons oder Reifen.

Variante 2:

Auf eine Langbank werden Handbälle gelegt, die von den Kindern mit den Tennisbällen abgeworfen werden sollen.

Zuspiel

- **Ball:** Hand- bzw. Softbälle, je ein Ball pro Kinderpaar
- **Material:** –
- **Kategorie:** Partner
- **Schwierigkeitsgrad:** leicht bis schwer

Spielregel:

Die Kinder stellen sich paarweise einander gegenüber und erhalten jeweils zu zweit einen Handball. Zeitgleich versuchen die Kinder folgende Übungen:

- Ein Kind wirft den Ball mit beiden Händen in die Mitte auf den Boden, während das andere Kind den Ball mit beiden Händen wieder auffängt und auf die gleiche Weise zurückspielt.
- Die beiden Kinder werfen sich den Ball in Brusthöhe zu. Dabei können sie den Abstand zwischen sich variieren.

Tipp:

Die beiden Kinder, die ein Paar bilden, sollten in etwa die gleiche Körpergröße haben.

Alle Paare sollten in Linien im Raum verteilt stehen.

Schleuderball

- **Ball:** Je ein Tennisball pro Kind
- **Material:** Je ein alter Strumpf pro Kind, ein Stock
- **Kategorie:** Solo
- **Schwierigkeitsgrad:** mittel

Antizipation

Spielregel:

Der Tennisball wird in die Fußspitze einer alten Socke gesteckt. Auf einem freien Feld stellen sich die Kinder in einer Reihe hintereinander auf. Ein Stock wird als Startlinie auf den Boden gelegt. Das erste Kind tritt mit seinem Ballstrumpf an den Stock heran, streckt seinen Wurfarm zur Seite aus und kreist seinen Arm mit dem Strumpf einige Male vorwärts. Dann schleudert es den Strumpf so weit wie möglich nach vorne. Welches Kind hat am weitesten geworfen?

Tipp:

Viel Spaß macht den Kindern auch das Werfen eines Schweifballes auf einer Wiese. Hierzu wird ein Stück der Naht eines Tennisballes mit einem Teppichmesser aufgeschnitten. In den Ball werden vier bis fünf farbige Kreppbänder hineingegeben, die hinten noch 20 – 30 cm hinausschauen. Der Tennisball hat nun beim Werfen ein völlig anderes Flugverhalten.

So oft wie möglich

- **Ball:** Softbälle
- **Material:** –
- **Kategorie:** Gruppe
- **Schwierigkeitsgrad:** mittel

Antizipation
Differenzierung
Orientierung

Spielregel:
Die Kinder stehen in einem Kreis mit Blick zur Kreismitte. Ein Kind steht mit dem Softball in der Mitte. Es wirft den Ball einem anderen Kind zu, das den Ball fängt und direkt wieder zurückwirft. Dabei werden die Kinder nicht in der Reihenfolge angeworfen, wie sie im Kreis stehen, sondern willkürlich. Haben die Kinder fünf Pässe erfolgreich geschafft, darf ein zweites Kind mit einem zweiten Ball in die Kreismitte.

Variante:
Die Kinder stehen versetzt einander gegenüber und bilden eine Gasse. Die Erzieherin wirft den Ball dem ersten Kind zu, das ihn an das schräg gegenüber stehende Kind weiter wirft. Der Ball gelangt so im Zickzack zu dem letzten Kind der Gasse, das ihn in eine Kiste neben sich legt. Für ein Wettspiel können einfach zwei Gruppen gebildet werden. Gewonnen hat diejenige Gruppe, die am meisten Bälle in ihrer Kiste hat, d. h. Bälle, die auf ihrem Weg durch die Gasse nicht gefangen werden, scheiden aus.

Tipp:
Es wird etwas schwieriger, wenn verschiedene Bälle ins Spiel gebracht werden.

Katz und Maus

- **Ball:** Softball
- **Material:** –
- **Kategorie:** Gruppe
- **Schwierigkeitsgrad:** mittel

Kopplung
Differenzierung
Rhythmus

Spielregel:

Die Kinder stehen in einem Kreis mit Blick zur Kreismitte. Ein Kind steht mit dem Softball in der Mitte. Es spielt eine Katze. Die Erzieherin geht einmal um den Kinderkreis herum und streicht fünf Kindern über den Rücken. Dies ist das Zeichen, dass diese Kinder Mäuse sind. Alle anderen sind ebenfalls Katzen.

Das Kind in der Mitte wirft einem Kind im Kreis den Ball zu. Spielt das Kind eine Katze, ruft es laut „Katze", fängt den Ball und wirft ihn zurück. Ist das Kind jedoch eine Maus, so ruft es: „Maus" und läuft einmal außen um den Kreis herum. Die Katze versucht die Maus zu fangen; dabei darf sie den Kreis zwischen allen Kindern verlassen.

Variante:

Hat die Katze in der Mitte eine Maus gefunden, laufen alle Mäuse weg. Die Katze versucht eine Maus zu fangen, die dann als Katze in die Kreismitte darf.

Fluglotsen

- ● **Ball:** Je ein Handball pro Kinderpaar
- ● **Material:** Zwei lange Seile
- ● **Kategorie:** Partner
- ● **Schwierigkeitsgrad:** leicht bis mittel

Spielregel:

Die Kinder müssen als Fluglotsen ihr Flugzeug sicher zum Heimatflughafen führen.

Spielregel:

Die Kinder gehen paarweise zusammen und stellen sich einander gegenüber in zwei Linien auf.

Das erste Seil wird zwischen die Kinder auf den Boden gelegt. Die Kinder, die hinter dem Seil stehen, spielen die Fluglotsen, die gegenüberstehenden sind Flugzeuge. Sie stehen zunächst direkt hinter dem Seil. Die Fluglotsen dürfen die erste Linie nun nicht mehr übertreten. Das zweite Seil markiert in einer Entfernung von ca. acht Metern zu dem ersten Seil die Heimatgrenze.

Jeder Fluglotse erhält einen Ball, den er nun seinem Flugzeug zuwirft. Der Ball symbolisiert den Funkspruch. Die Flugzeugkinder fangen den Ball und werfen ihn als Bestätigung zurück. Haben sie den Ball gefangen, dürfen sie einen großen Schritt nach hinten gehen. Ist der Ball verloren gegangen, muss ihn der Lotse aufheben und den Funkspruch erneut absenden. Das Flugzeug, welches als erstes am Heimatflughafen landet, also die Ziellinie übertritt, hat gewonnen.

Heimat-
grenze

Flug-
zeuge

Flug-
lotsen

Spiele zum Prellen

Tipp, tipp, tipp

- **Ball:** Je ein Handball pro Kind
- **Material:** –
- **Kategorie:** Solo
- **Schwierigkeitsgrad:** mittel

Rhythmisierung
Kopplung

Spielregel:

Jedes Kind sucht sich mit seinem Ball einen Platz im Raum. Es wirft den Ball so vor sich auf den Boden, dass dieser wieder senkrecht nach oben springt. Sobald der Ball in der Luft vor dem Körper des Kindes seinen höchsten Punkt erreicht hat, versucht das Kind diesen ein weiteres Mal mit den gespreizten Fingern seiner rechten Hand auf den Boden zu prellen und anschließend wieder aufzufangen.

Kinder, welche die Übung wiederholt geschafft haben, versuchen den Ball nun zweimal hintereinander zu prellen. Wer schafft es am Ende auch drei- oder viermal? Oder sogar noch öfter?

Die Übung wird zunächst mehrfach mit der rechten Hand wiederholt, bevor sie anschließend mit der linken Hand umgesetzt wird.

Tipp:

Es ist sinnvoll, diese Übungen nur kurz (ca. zwei bis drei Minuten), aber dafür umso öfter anzubieten.

Varianten:

- Der Ball wird abwechselnd mit beiden Händen vor dem Körper geprellt.
- Der Ball wird mit der rechten Hand rechts neben dem Körper geprellt.
- Der Ball wird mit der linken Hand links neben dem Körper geprellt.
- Den Ball prellen und dabei nur auf einem Bein stehen (Standbein wechseln).
- Den Ball prellen und dabei durch den Raum gehen.
- Den Ball prellen und dabei auf einer Linie entlang gehen.

Um insbesondere die Umstellungsfähigkeit der Kinder zu trainieren, sollte die Ballart auch immer mal wieder gewechselt werden, z. B. eignen sich auch Basket-, Volley- und Gymnastikbälle zum Prellen.

Werfen, Prellen, Fangen

- **Ball:** Je ein Handball pro Paar
- **Material:** –
- **Kategorie:** Partner
- **Schwierigkeitsgrad:** mittel

Spielregel:

Je zwei Kinder stehen sich in einem Abstand von ca. ein bis eineinhalb Metern gegenüber. Ein Kind wirft den Ball derart zwischen sich und seinen Partner, dass der Ball wieder hoch springt. Das Partnerkind prellt den Ball seinerseits noch einmal vor seinem Körper. Dabei sollte der Ball möglichst wieder gerade aufsteigen, so dass das Kind den Ball nun mit beiden Händen fangen kann. Dann wirft es seinerseits den Ball auf die gleiche Weise zurück.

Über die Brücken

- **Ball:** Je ein Handball pro Kind
- **Material:** Zwei Langbänke
- **Kategorie:** Solo
- **Schwierigkeitsgrad:** mittel bis schwer

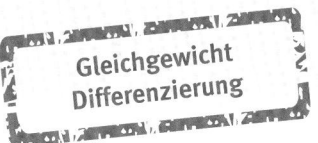

Spielregel:

Die beiden Bänke werden in einem großen Abstand nebeneinander gestellt. Dabei wird eine Bank umgedreht. Die Kinder stellen sich hintereinander vor der Bank mit Sitzfläche nach oben auf.

Das erste Kind steigt mit seinem Ball auf die Bank, geht bis zur Mitte und lässt den Ball dort so auf den Boden fallen, dass es ihn direkt wieder auffangen kann. Anschließend balanciert es zum Ende der Bank und springt herunter. Wurde der Ball gefangen, wiederholt das Kind das Ganze auf der zweiten Bank, deren Oberfläche bedeutend schmaler ist. Ging der Ball unterwegs auf einer der „Brücken" verloren, so stellt sich das Kind bei dieser Bank ein weiteres Mal an. Das zweite Kind startet, sobald das erste Kind die Bank verlassen hat.

Variante:

Die Kinder drehen sich zum Prellen nicht um 90°, sondern bleiben gerade auf der Bank stehen und prellen ihn nun seitlich zur Bank, einmal mit rechts und einmal mit links. (schwierig)

Torwurf

- **Ball:** Mindestens ein Handball pro Kind
- **Material:** Eine Kiste, ein Tor, Markierung
- **Kategorie:** Solo
- **Schwierigkeitsgrad:** mittel

Rhythmisierung
Kopplung

Geschichte:

Die deutsche Handballnationalmannschaft braucht Verstärkung. All ihre besten Torjäger liegen mit einer dicken Erkältung im Bett und ausgerechnet heute ist das entscheidende Spiel um die Weltmeisterschaft...

Spielregel:

An einem Ende des Raums wird ein Tor aufgestellt. In ca. zwei Metern Entfernung wird eine Abwurflinie markiert, z. B. mit einem Kreppband oder zwei Pylonen. An dem anderen Ende des Raums steht eine Kiste mit all den Bällen. Das erste Kind nimmt sich einen Ball, rennt auf das Tor zu, bleibt an der Markierung stehen, prellt seinen Ball zweimal und wirft dann auf das Tor. Jetzt startet das zweite Kind.

Tipp:

Wenn kein Tor vorhanden ist, kann auch eine Weichmatte an die Wand gelehnt werden.

Die Lauf-, Prell-, Wurf- und Fangstaffel

- **Ball:** Zwei Handbälle
- **Material:** Vier Reifen
- **Kategorie:** Gruppe
- **Schwierigkeitsgrad:** mittel

Antizipation
Rhythmus
Kopplung

Spielregel:

Die Kinder werden in zwei gleich starke Gruppen eingeteilt. Eine Hälfte jeder Gruppe stellt sich hintereinander an einer Seite des Raums an. Die jeweils andere Gruppenhälfte stellt sich gegenüber auf der anderen Raumseite auf. In einer Entfernung von ein bis zwei Metern wird vor jede Gruppe ein Reifen gelegt. Jede Gruppe erhält einen Ball.

Auf ein gemeinsames Startsignal hin laufen die ersten beiden Kinder mit dem Ball auf ihre Gruppe am anderen Ende des Raums zu. Sie bleiben in dem davor liegenden Reifen stehen, prellen den Ball einmal auf den Boden und werfen ihn dann dem gegenüber stehenden Kind zu. Dieses fängt den Ball und läuft nun seinerseits los. Die Gruppe, deren Kinder zuerst alle zweimal an der Reihe waren, hat gewonnen.

Schiffsladung

- **Ball:** 1 – 5 Handbälle
- **Material:** –
- **Mitspieler:** beliebig
- **Kategorie:** Team
- **Schwierigkeitsgrad:** mittel

Geschichte:

Das königliche Marineschiff ist in den Hafen eingefahren. Es hat viele schöne Waren geladen, auf die die Bevölkerung in den letzten Wochen gewartet hat: zarte Seide, glänzende Juwelen, süße Orangen usw. Jetzt müssen die Matrosen die teure Ladung löschen und alles an Land bringen.

Spielregel:

Die Kinder stehen im Kreis. Ein Kind hat einen Ball. Dieser wird so auf die Erde geprellt, dass das linke Nachbarkind ihn auffangen kann. Dieses Kind gibt den Ball nun seinerseits durch Prellen an seinen linken Nachbarn weiter.

Der Schwierigkeitsgrad kann durch mehrere Bälle im Kreis erhöht werden.

Variante:

Die Kinder bilden zwei Gruppen, die sich in zwei Linien nebeneinander aufstellen. Auf beiden Seiten der Gruppen steht jeweils eine Kiste. In der ersten Kiste befinden sich die Bälle, welche auf die oben beschriebene Art und Weise durch die Kinderlinie weitergegeben werden. Das letzte Kind gibt den Ball in die Kiste neben sich. Welche Gruppe ist zuerst fertig?

Der Schwierigkeitsgrad des Spiels kann erhöht werden, indem unterschiedliche Bälle in die erste Kiste gelegt werden, beispielsweise Handbälle, Tennisbälle, Basketbälle, Flummis etc.

Partnerprellen

- **Ball:** Je ein Handball pro Kinderpaar
- **Material:** –
- **Kategorie:** Partner
- **Schwierigkeitsgrad:** schwer

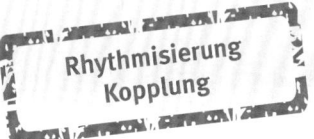

Spielregel:
Jedes Kinderpaar stellt sich nebeneinander und hält sich wie abgebildet an den Händen. Jedes Kind hält in seiner äußeren Hand einen Ball, den es neben seinem Körper auf den Boden zu prellen versucht. Von Zeit zu Zeit wechseln die Kinder ihre Prellhand.

Kleine Verse zum Rollen, Werfen, Prellen

Nachts um zwölf

- ● **Ball:** Drei verschiedene Ballarten werden unter den Kindern aufgeteilt, je ein Ball pro Kind
- ● **Material:** Gong oder Klangschale (Signal)
- ● **Kategorie:** Solo
- ● **Schwierigkeitsgrad:** leicht bis mittel

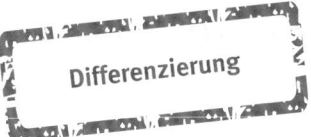

Vorbereitung:
Die Kinder werden in drei Gruppen aufgeteilt. Jede Gruppe erhält eine eigene Ballart und stellt sich in eine Ecke des Raumes.

Nachts um 12 zur Geisterstunde, dreht so mancher Geist die Runde.	*Alle schleichen in ihrer Ecke, Bälle bleiben in der Hand.*
Der erste poltert laut umher, der zweite schwebt ganz leis einher.	*Die erste Gruppe prellt den Ball, die zweite Gruppe wirft den Ball.*
Der dritte kullert rundherum, doch schlägt es eins, ist alles um.	*Die dritte Gruppe rollt den Ball, die Erzieherin gibt das Signal.*

Der Wind bläst alle Blätter ab

- **Ball:** Verschiedene kleine Bälle, die Kinder in einer Hand halten können, je ein Ball pro Kind
- **Material:** Schwungtuch ohne Öffnung
- **Kategorie:** Team
- **Schwierigkeitsgrad:** mittel

Gleichgewicht
Antizipation
Differenzierung

Ausgangsposition und Vorbereitung:

Alle Kinder sitzen im Kreis und halten in der einen Hand das Schwungtuch fest. Mit der anderen Hand hält jedes Kind einen Ball über seinen Kopf. Die Kinder werden durchgezählt.

Der Wind bläst alle Blätter ab,   *das Schwungtuch bewegen*
denn er treibt gerne Schabernack.
Das erste Blatt fällt,
das zweite Blatt fällt,   *das erste Kind lässt den Ball hineinfallen*
das dritte Blatt fällt,   *das zweite Kind lässt den Ball hineinfallen*
etc.   *das dritte Kind lässt den Ball hineinfallen*
                                          etc.

Und sind die Äste alle leer,
so tanzen Blätter wild umher.   *das Schwungtuch bewegen*

Doch geht dem Wind die Puste
aus,   *das Schwungtuch auf den Boden legen*
dann ruh'n sich alle Blätter aus.

Speck weg

- **Ball:** Ein Ball, etwas kleiner als das Loch in der Schwungtuchmitte
- **Material:** Schwungtuch mit einem Loch in der Mitte
- **Kategorie:** Team
- **Schwierigkeitsgrad:** mittel

Ausgangsposition und Durchführung:

Die Kinder sitzen in Kreisform um das Schwungtuch herum und halten es mit beiden Händen fest. Die Erzieherin legt den Ball auf das Schwungtuch. Die Kinder versuchen nun, den Ball nicht durch das Loch fallen zu lassen. Gelingt es den Kindern, den Ball eine Minute auf dem Tuch zu halten, so haben sie das Spiel gegen die Maus gewonnen. Ansonsten ist der Speck weg und das Spiel verloren.

Die Maus hat ein Stück Speck stibitzt, *der Ball wird auf dem Schwung-*
und ist damit davon geflitzt. *tuch hin und her gerollt*

Zum Glück kann sie das Loch nicht finden,
um mit der Beute zu verschwinden.

Oh weh, jetzt ist sie doch entkommen *der Ball ist nun durch das Loch*
und hat das Stück Speck mitgenommen. *gefallen*

Schneller, schneller, immer schneller

- **Ball:** Handbälle, je ein Ball pro Kind
- **Material:** –
- **Kategorie:** Solo
- **Schwierigkeitsgrad:** leicht bis mittel

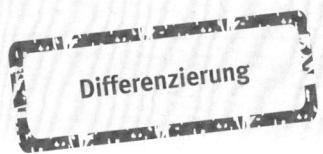

Schneller, schneller, immer schneller,
rollt der Ball nun in den Keller.

die Bälle rollen

Holter polter trip trip trap,
geht's die Stiegen rasch hinab.

die Bälle prellen

Müd' bleibt er am Boden liegen,
träumt davon zurückzufliegen.

die Bälle ruhen

Jetzt springt er mit Kraft nach oben,
fängt dann wieder an zu toben.

die Bälle in die Luft werfen und fangen

Bruder Jakob

- **Ball:** Handbälle, je ein Ball pro Kinderpaar
- **Material:** –
- **Kategorie:** Partner
- **Schwierigkeitsgrad:** leicht

Spielregel:
Die Kinder stehen sich paarweise gegenüber und singen gemeinsam das Lied „Bruder Jakob". Gleichzeitig wird der Ball hin und her geworfen. Bei der Textpassage „ding, dang, dong" prellen sich die Kinder den Ball zu.

Ballfreunde

- **Ball:** Einen kleinen Softball und einen Medizinball
- **Material:** –
- **Kategorie:** Gruppe
- **Schwierigkeitsgrad:** leicht

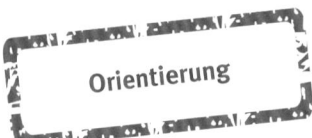

Ausgangsposition:
Die Kinder sitzen in einem Kreis.

Ein kleiner Ball geht in den Kreis,	*Die Erzieherin gibt den Softball in den Kreis .*
man reicht ihn rund herum, ganz leis, man reicht ihn rund herum, ganz leis.	*Er wandert rollend von Kind zu Kind.* *Zeile einige Male wiederholen, am Ende hält das letzte Kind den Ball ganz fest.*
Da kommt sein dicker Freund heran, er poltert los, so laut er kann.	*Die Erzieherin gibt den Medizinball in den Kreis, auch dieser wandert von Kind zu Kind, jedes darf den Ball einmal auf den Boden fallen lassen und wieder auffangen.*
Der Kleine ruft: „Hey, Schwergewicht, du bist zu laut, so geht das nicht.""	*Den Medizinball festhalten*
Ich roll voraus und du schaust zu, dann machst du's nach, das klappt im Nu.	*Das Kind mit dem Softball beginnt den Ball zu dem Nachbarskind zu rollen.*
Gemeinsam roll'n sie nun im Kreis, von Kind zu Kind herum ganz leis.	*Beide Bälle gleichzeitig in eine Richtung rollen lassen*

1, 2, 3, 4

- 🔘 **Ball:** Pro Kind ein Ball
- 🔘 **Material:** –
- 🔘 **Kategorie:** schwer
- 🔘 **Schwierigkeitsgrad:** Partner

Vorbereitung:

Die Kinder stehen paarweise einander gegenüber.

1, 2, 3 und 4,	*4 x prellen*
halt ihn fest, roll ihn zu mir.	*Festhalten, dann die Bälle zum Partner rollen*
5, 6, 7, 8,	*4 x prellen*
hey, das hast du gut gemacht.	*Bälle nach oben werfen und wieder fangen*
9, 10, drehen, steh'n,	*Bälle festhalten und sich um die eigene Achse drehen, am Ende stehen*
jetzt kann das Spiel von vorn losgeh'n.	*Pause*

Variation:

1, 2, 3 und 4,
halt ihn fest, wirf ihn zu mir.
5, 6, 7, 8,
hey, das hast du gut gemacht.
9, 10, drehen, steh'n,
jetzt kann das Spiel von vorn losgeh'n.

Wie oben

Wolli, polli

- **Ball:** Pro Kind ein kleiner Ball
- **Material:** –
- **Kategorie:** Solo
- **Schwierigkeitsgrad:** leicht

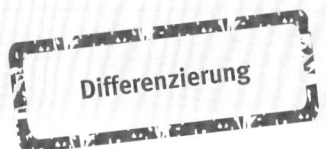

Vorbereitung:

Jedes Kind erhält einen Ball.

Wolli polli scholli molli,
wolli polli scholli molli.
Wolli polli scholli molli,
wolli polli scholli molli.

Die Bälle zwischen den Händen rollen.

Variation:

Die Kinder sitzen einander paarweise mit gegrätschten Beinen gegenüber und rollen sich die Bälle zu.

Hokus pokus

- **Ball:** Je ein Ball pro Kind
- **Material:** Gong oder Klangschale (Signal)
- **Kategorie:** Solo
- **Schwierigkeitsgrad:** mittel

Vorbereitung:
Die Kinder bekommen jeweils einen Ball.

Hokus pokus hexli pex,
rollt die Bälle jetzt hex mex.

Hokus pokus hexli pex,
prellt die Bälle jetzt hex mex.

Hokus pokus hexli pex,
werft die Bälle jetzt hex mex.

Hokus pokus hexli pex,
balanciert die Bälle jetzt hex mex.

Hokus pokus hexli pex,
stoppt die Bälle hex di mex.

Bewegungen wie im Text.

Schwipp und Schwapp

- **Ball:** Pro Paar je ein kleiner Ball (Softball, Tischtennisball oder japanische Papierbälle)
- **Material:** Ein Chiffontuch pro Paar
- **Kategorie:** Partner
- **Schwierigkeitsgrad:** mittel

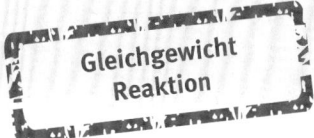

Vorbereitung:

Die Kinder gehen paarweise zusammen. Jedes Paar erhält einen Ball und ein Chiffontuch. Das Tuch wird jeweils an den Ecken festgehalten und die Bälle werden darin platziert.

Zwei Wellenkinder,
Schwipp und Schwapp,
schwimmen munter auf und ab.

Das Tuch hin und her bewegen, ohne dass die Bälle hinunterfallen.

Gelingt es den Kindern, den Ball bei der Tuchbewegung nicht fallen zu lassen, kann der Schwierigkeitsgrad erhöht werden, indem die Kinder durch den Raum gehen oder noch einen zweiten Ball auf ihr Tuch legen.

Paul, der Frosch

- **Ball:** Je ein Ball pro Kind
- **Material:** –
- **Kategorie:** Solo
- **Schwierigkeitsgrad:** schwer

Ausgangsposition:
Die Kinder knien im Kreis und halten den Ball in einer Hand fest.

Paul, der Frosch will sportlich sein, hüpft um den Teich auf einem Bein.	*Die Bälle springend um den eigenen Körper bewegen, die Bälle immer festhalten, dadurch ergibt sich ein Handwechsel.*
Ein Fröschemarathon steht an, den Paul kaum noch erwarten kann.	*Die Bälle in die andere Richtung um den Körper bewegen und festhalten.*
Sprünge muss er hart trainieren, schließlich will er nicht verlieren.	*Die Bälle mit beiden Händen vor dem Körper prellen.*
Der Wettbewerb ist sehr begehrt, der Siegerfrosch wird hoch verehrt.	*Die Bälle einmal in die Luft werfen und fangen, den Ball wie einen Pokal in die Luft strecken.*

Koordinations- und Geschicklichkeitsspiele

Yin und Yang

- **Ball:** Zwei Golfbälle oder zwei kleine Jonglierbälle pro Kind
- **Material:** –
- **Kategorie:** Solo
- **Schwierigkeitsgrad:** schwer

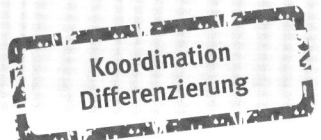

Spielregel:

Alle Kinder sitzen auf dem Boden. Jedes Kind hat zwei Golfbälle in einer Hand und versucht die Golfbälle auf der Handinnenfläche mit den Fingern so zu bewegen, dass diese die Plätze tauschen. Natürlich darf die freie Hand dabei nicht zu Hilfe genommen werden.

Tipp:

Kleine Jonglierbälle lassen sich leicht selbst herstellen. Hierzu werden lediglich zwei Luftballons, ein Trichter, etwas Reis und eine Schere benötigt. Mit Hilfe des Trichters wird Reis in einen Luftballon gefüllt, bis sich die Hülle spannt. Dann wird der Luftballonhals nach innen in den Luftballon gestülpt. Der Hals des zweiten Ballons wird abgeschnitten. Der „Bauch" des zweiten Ballons wird nun derart über den gefüllten Ballon gestülpt, dass die Öffnung des ersten Ballons im Innern des darüberliegenden Ballons liegt. So kann nichts mehr herausfallen und der Ball ist fertig.

Über den Kopf und durch die Beine

- **Ball:** Softbälle oder Handbälle, je ein Ball pro Kinderpaar
- **Material:** –
- **Kategorie:** Partner
- **Schwierigkeitsgrad:** leicht

Spielregel:

Die Kinder stellen sich paarweise mit gegrätschten Beinen Rücken an Rücken gegeneinander auf. Dabei sollten möglichst Kinder gleicher Körpergröße zusammen spielen. Jedes Kinderpaar erhält einen Ball und versucht diesen über den Kopf an den Partner zu geben, der ihn unter seinen Beinen hindurch zurückgibt. Rollentausch nach einigen Wiederholungen.

Variante:

Das Spiel wird schwieriger, wenn die Kinder versuchen, das Spiel zu viert umzusetzen. Die beiden Kinder in der Reihe von links stehen Rücken an Rücken, die beiden anderen rechts in der Reihe stehen einfach hintereinander. Der Ball wird von links nach rechts über die Köpfe weitergereicht (1). Sobald das letzte Kind der Reihe den Ball hat, gibt es ihn unter den Beinen hindurch zurück (2) und rennt schnell zum Anfang der Gruppe (3), um dort den Ball wieder in Empfang zu nehmen (4) und ihn über seinen Kopf hinweg nach hinten weiter zu reichen (5). Welche Gruppe schafft es als erstes, in die andere Richtung zu blicken?

1.

2.

3.

4.

5.

Sitzfußball

- ● **Ball:** Je ein Handball pro Kinderpaar
- ● **Material:** –
- ● **Kategorie:** Partnerspiel
- ● **Schwierigkeitsgrad:** mittel

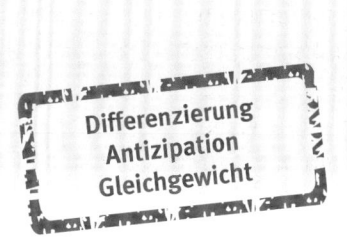

Differenzierung
Antizipation
Gleichgewicht

Spielregel:

Je zwei Kinder sitzen sich im Langsitz in einem Abstand von ca. zwei Metern gegenüber und versuchen, sich den Ball mit den Füßen im Langsitz zuzupassen. Wer schafft es am längsten, ohne sich mit den Händen am Boden abzustützen?

Rund, rund, rundherum

- **Ball:** Softbälle oder Handbälle, je ein Ball pro Kinderpaar
- **Material:** –
- **Kategorie:** Partnerspiel
- **Schwierigkeitsgrad:** mittel

Spielregel:

Jeweils zwei Kinder stehen Rücken an Rücken aneinander. Sie reichen den Ball um ihre Hüften herum, d. h. ein Kind gibt den Ball über seine rechte Seite an das Partnerkind weiter, das den Ball mit ausgestreckten Armen vor seinem Körper entlang führt und ihn an seiner rechten Seite wieder dem Partnerkind übergibt. Richtungswechsel nach einigen Runden.

Staffellauf

- **Ball:** Je drei Jonglier- und Tischtennisbälle
- **Material:** Je drei Pylonen, Ess- und Teelöffel
- **Kategorie:** Gruppenspiel
- **Schwierigkeitsgrad:** leicht

Spielregel:
Die Kinder werden in drei gleich starke Mannschaften eingeteilt. Jede Mannschaft stellt sich hintereinander auf. Die drei Pylonen werden als Markierung am anderen Ende des Raums aufgestellt. Jede Gruppe erhält jeweils einen Löffel und einen Ball. Auf ein Startsignal hin laufen alle Gruppenersten los und balancieren einen Ball auf ihrem Löffel zur Pylone und zurück. Wieder bei der Gruppe angekommen, werden Löffel und Ball an den nächsten Läufer übergeben. Sind alle Kinder einer Gruppe mit einem Ball einmal gelaufen, erhält die Gruppe den nächsten Ball. Dabei sollte sich der Schwierigkeitsgrad steigern, z. B.
1. Esslöffel – Jonglierball
2. Teelöffel – Jonglierball
3. Esslöffel – Tischtennisball
4. Teelöffel – Tischtennisball

Tipp:
Damit auch schon ganz kleine Kinder integriert werden, können sie z. B. einen Tischtennisball in einer Suppenkelle oder einen Kooshball auf einem Esslöffel transportieren.

Variante:
Das Spiel lässt sich auch sehr gut mit anderen Bällen umsetzen, z. B.

- Tennisball auf einem Ess- oder Teelöffel balancieren
- Handball auf einem Esslöffel balancieren
- Tischtennisball auf einem DIN A4 Blatt balancieren

Tipp:
Im Anschluss an das Spiel kann gemeinsam überlegt werden, mit welchen Bällen das Balancieren leichter gefallen ist und warum.

Bleib doch da

- **Ball:** Je ein Handball pro Kind
- **Material:** –
- **Kategorie:** Solo
- **Schwierigkeitsgrad:** leicht bis mittel

Spielregel:

Alle Kinder erhalten einen Ball und verteilen sich sitzend im Raum. Jedes Kind versucht während der folgenden Übungen, seinen Ball zu behalten und aufzupassen, dass er nicht wegrollt:

- Im Langsitz den Ball zwischen den Füßen einklemmen. Die Beine abwechselnd an den Körper heranziehen und wieder ausstrecken.
- Im Langsitz den Ball ans Ende der Beine legen und die Fußspitzen aufstellen. Den Ball zwischen ihnen einklemmen, die Beine abwechselnd an den Körper heranziehen und wieder ausstrecken.
- Im Langsitz den Ball um den eigenen Oberkörper herumgeben.
- Auf den Rücken legen, den Ball zwischen den Füßen einklemmen und sich längs um die eigene Achse rollen (und wieder zurück).
- Auf den Schienbeinen sitzen, die Hände sind auf dem Boden. Den Ball auf die Unterschenkel legen, sich mit dem Po auf den Ball setzen und rückwärts krabbeln.
- Auf den Schienbeinen sitzen, die Hände sind auf dem Boden. Den Ball auf das untere Ende der Unterschenkel legen. Der Po ist in der Luft und berührt nicht den Ball. Vorwärts krabbeln.

Roll nicht weg

- **Ball:** Je ein Handball pro Kind
- **Material:** –
- **Kategorie:** Solo
- **Schwierigkeitsgrad:** leicht bis schwer

Spielregel:
Alle Kinder erhalten einen Ball und verteilen sich sitzend im Raum. Jedes Kind versucht während der folgenden Übungen, seinen Ball zu behalten und aufzupassen, dass er nicht wegrollt.

Ausgangssituation 1:
Die Unterarme werden auf den Boden aufgestützt, die Fingerspitzen zeigen zum Po, die Arme liegen eng am Körper an. Und nun den Ball
- unter die Knie legen und die Beine abwechselnd heben und wieder senken.
- unter die Fußgelenke legen und die Beine abwechselnd heben und wieder senken.
- unter die Fersen legen und die Beine abwechselnd heben und wieder senken.

Ausgangssituation 2:
Auf die linke Seite drehen, der linke Unterarm liegt eng vor dem Körper auf dem Boden. Den Oberkörper darauf stützen. Die rechte Hand liegt auf der linken Hand. Die Beine liegen lang übereinander. Und nun den Ball
- unter das linke Fußgelenk legen und das rechte Bein heben und senken. Von Zeit zu Zeit Seitenwechsel.

- unter den linken Fuß legen und das rechte Bein heben und senken. Von Zeit zu Zeit Seitenwechsel.

Variante:

- **Ball:** Je drei Handbälle pro Paar
- **Material:** –
- **Kategorie:** Partnerspiel
- **Schwierigkeitsgrad:** schwer

Je zwei Kinder liegen sich in einen Abstand von ca. einem Meter gegenüber. Das rechte Kind stützt sich dabei auf den linken Unterarm, das linke Kind auf den rechten Unterarm. Die Beine der Kinder liegen lang übereinander. Jedes Kind hat einen Ball unter den Fußgelenken. Den dritten Ball rollen sich die beiden gegenseitig mit der freien Hand zu.

1, 2, 3, 4, 5

- **Ball:** Jonglierbälle
- **Material:** –
- **Kategorie:** Team
- **Schwierigkeitsgrad:** leicht bis mittel

Gleichgewicht
Rhythmisierung

Geschichte:

Die Krone der kleinen Prinzessin Amalfia Amalfina von Amalfien ist beim Spielen in den Brunnen gefallen. Der böse Zauberer Zazozumba lacht höhnisch und freut sich diebisch, denn nur er kann die Krone wieder aus dem Brunnen heraufholen. Er besitzt den einzigen Schlüssel für den Hebel, der die Bodenplatte des Brunnens nach oben fährt. Er gibt Prinzessin Amalfia Amalfina nur eine Chance, ihre Krone zurück zu bekommen. Sie muss es schaffen, 1, 2, 3, 4, 5 Bälle auf ihrem Körper zu jonglieren.

Spielregel:

Eine Hälfte der Kinder stellt sich auf der einen Seite des Raums auf, die andere gegenüber auf der anderen Seite. Ein Kind erhält einen Jonglierball und balanciert ihn auf dem Ellenbogen hinüber zur anderen Gruppe. Dort übergibt es den Ball an das nächste Kind, das ihn ebenfalls auf dem Ellenbogen balancierend durch den Raum bringt und ihn an das nächste Kind übergibt. Haben es alle Kinder mit einem Ball geschafft, kommt ein zweiter Ball ins Spiel.

1 Ball	auf einem Ellenbogen
2 Bälle	auf beiden Ellenbogen
3 Bälle	auf beiden Ellenbogen und einer Handaußenfläche
4 Bälle	auf beiden Ellenbogen und beiden Handaußenflächen
5 Bälle	auf beiden Ellenbogen, beiden Handaußenflächen und auf dem Kopf

Die Krone gilt als gerettet, wenn jeder Durchgang von mindestens einem Kind erfolgreich zurückgelegt wurde.

Tipp:

Für jüngere Kinder kann das Spiel vereinfacht werden, indem die Bälle auch von zwei oder drei Kindern, die sich an den Händen fassen, durch den Raum balanciert werden dürfen.

Mäusejagd

- **Ball:** Zwei Tischtennisbälle
- **Material:** Vier Fliegenklatschen, sechs Pylonen
- **Kategorie:** Gruppe
- **Schwierigkeitsgrad:** leicht

Differenzierung
Orientierung
Antizipation

Geschichte:

Eine Maus ist in die Küche gelaufen, weil der Käse gar zu gut gerochen hat. Verständlicherweise gefällt das der Köchin überhaupt nicht und sie versucht, die Maus zu verjagen.

Spielregel:

Die Kinder werden in zwei gleich starke Gruppen eingeteilt und stellen sich gruppenweise an einem Ende des Raums hintereinander auf.

Jede Gruppe erhält drei Pylonen, die in gleichmäßigem Abstand auf der Gruppenbahn im Raum aufgestellt werden.

Die beiden ersten Kinder jeder Gruppe erhalten jeweils eine Fliegenklatsche.

Je ein Tischtennisball wird vor das erste Gruppenkind auf den Boden gelegt.

Die ersten Kinder starten auf ein vereinbartes Startsignal hin und versuchen jeweils ihren Tischtennisball mit der Fliegenklatsche im Slalom um die Pylonen auf ihrer Bahn herumzuführen. Um die dritte Pylone laufen sie herum und dann auf geradem Weg zu ihrer Gruppe zurück.

Der zweite Spieler startet, sobald der Tischtennisball wieder bei ihm angekommen ist. Die Gruppe, deren Spieler zuerst alle wieder im Ziel sind, hat gewonnen.

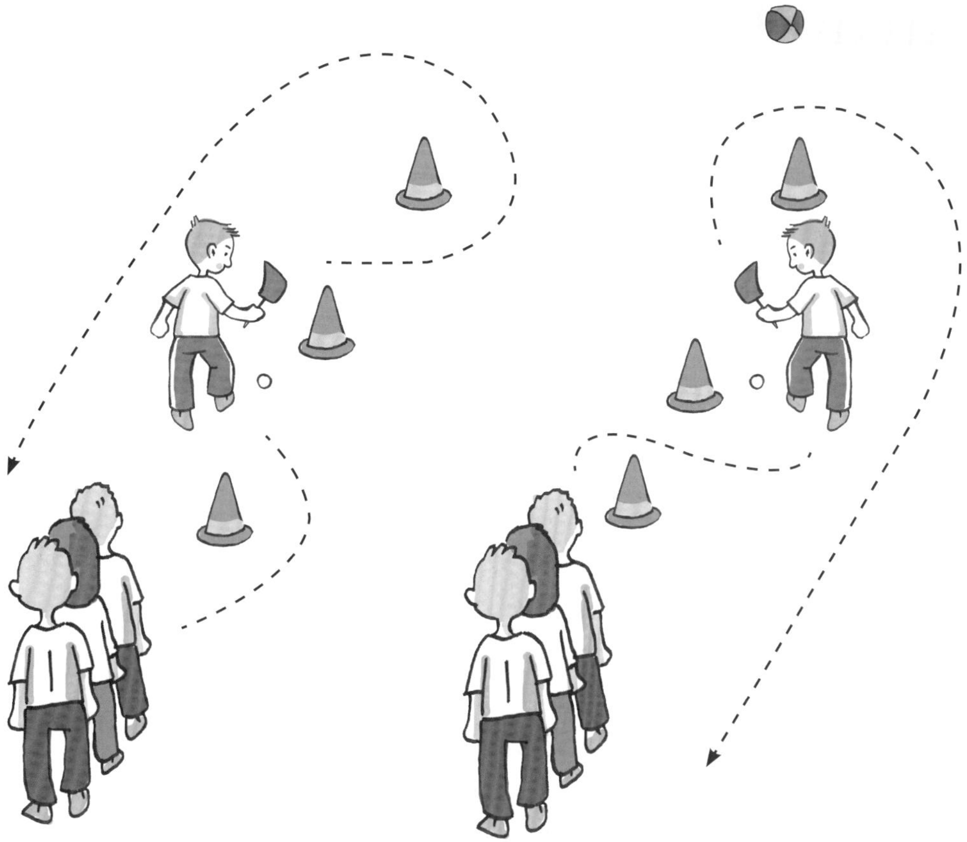

Goldtransport

- **Ball:** Je ein Federball und ein Tischtennisball pro Kind
- **Material:** Zwei Behälter für die Tischtennisbälle, zwei Langbänke, vier dünne Matten, zwei Pylonen
- **Kategorie:** Gruppenspiel
- **Schwierigkeitsgrad:** mittel

Orientierung
Kopplung

Geschichte:

Die Kinder haben in einem Fluss Gold gefunden. Bevor dies der habgierige Räuber Raubbein mitbekommt, müssen schnell alle Goldklumpen geborgen und in Sicherheit gebracht werden.

Spielregel:

Die Kinder werden in zwei gleich starke Gruppen eingeteilt. Jede Gruppe stellt sich hintereinander in einer Reihe an einem Ende des Raums auf. Gegenüber auf der anderen Seite steht jeweils eine Pylone und dazwischen je eine Langbank. In die Zwischenräume der Bänke wird je eine dünne Matte gelegt. Am Ende jeder Kinderreihe steht ein Gefäß, das die Tischtennisbälle enthält. Jedes Kind erhält einen Federball, der während des gesamten Spiels mit nur einer Hand an seinem Kopfende gehalten werden darf.

Auf ein gemeinsames Startsignal hin nimmt das letzte Kind jeder Gruppe einen Tischtennisball aus dem Behälter und legt ihn in seinen Federball. Durch Kippen des Federballs wird dieser in der Kinderschlange von Kind zu Kind nach vorne gereicht. Sobald dieser im Federball des ersten Kindes der Gruppe angekommen ist, rennt das Kind los, kriecht dann einmal vorwärts auf dem Bauch unter der Bank durch, steigt anschließend über die Bank, kriecht dann rückwärts auf dem Bauch unter der Bank durch, steigt abermals über die Bank und rennt dann zur Pylone, unter der es den Tischtennisball versteckt. Zurück geht der Weg über die Bank bis zum Ende der Gruppe, wo das Kind einen neuen Tischtennisball nimmt und ihn mit Hilfe seines Federballs nach vorne weitergibt. Die Gruppe, die zuerst alle Tischtennisbälle unter der Pylone versteckt hat (Vorsicht: keiner darf dort wieder herausrollen!), hat gewonnen.

Tipp:

Der Parcours kann den Fähigkeiten der Kinder entsprechend angepasst werden.

Neue Zinnen braucht die Burg

- **Ball:** Drei Tennisbälle
- **Material:** Sechs Pylonen
- **Kategorie:** Team
- **Schwierigkeitsgrad:** leicht

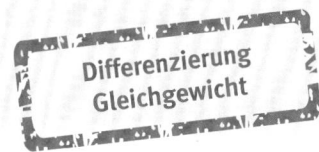

Differenzierung
Gleichgewicht

Geschichte:

Die Burgzinnen müssen dringend erneuert werden. Allerdings hat sich der König wieder einmal viel zu spät dazu entschlossen und da bereits am nächsten Tag hoher Besuch erwartet wird, ist dieses Mal wirklich Eile geboten.

Spielregel:

Die Kinder werden in drei gleich starke Gruppen eingeteilt und stellen sich gruppenweise an einem Ende des Raums hintereinander auf.

Jede Gruppe erhält zwei Pylonen, von denen eine auf der Gruppenbahn in der Raummitte und eine andere an dem gegenüberliegenden Ende des Raums aufgestellt wird.

Die Tennisbälle werden auf die vorderen Pylonen gelegt.

Auf ein Startzeichen hin läuft das erste Kind jeder Gruppe los, nimmt den Tennisball von der vorderen Pylone, läuft weiter und legt diesen nun auf die Spitze der hinteren Pylone. Aber Vorsicht, der Tennisball darf nicht herunterkullern.

Dann rennt das Kind schnell zurück und klatscht den Vordermann seiner Gruppe ab. Dieser rennt nun seinerseits los, nimmt den Ball von der hinteren Pylone und legt ihn wieder auf die Spitze der ersten Pylone.

Ist er zurückgekehrt, darf das nächste Kind starten.

Die Gruppe, bei der zuerst alle Läufer dran waren, hat gewonnen.

Umzugsunternehmen

- **Ball:** Viele verschiedene Bälle, z. B. Kooshball, Handball, Medizinball, Japanischer Papierball, Jonglierball, Federball, Igelball, Tennisball
- **Material:** Vier Langbänke
- **Kategorie:** Solo
- **Schwierigkeitsgrad:** leicht

Gleichgewicht
Taktile Wahrnehmung

Geschichte:

Ein Umzugsunternehmen hat viel zu tun. Jeden Tag helfen sie Menschen, aus einer Wohnung oder einem Haus auszuziehen und anderswo einzuziehen. Jeden Tag räumen sie Möbel und Kisten von hier nach da und von da nach dort. Ausgerechnet heute sind jedoch einige Möbelpacker krank. Ob die Kinder hier wohl helfen können?

Spielregel:

Die vier Bänke werden zu einer 0,50 bis 1 Meter schmalen Gasse aufgestellt. Auf die Bänke werden jeweils versetzt die unterschiedlichen Bälle gelegt. Die Kinder teilen sich in zwei Gruppen auf. Jede der beiden Kindergruppen stellt sich an einem Kopfende der Gasse auf. Ein erstes Kind startet und läuft in Ausfallschritten durch die Gasse. Dabei legt es die Bälle immer von einer Seite auf die andere, d. h. das erste Kind steht auf dem linken Fuß an der Innenseite der linken Bank, nimmt den dort liegenden Ball auf, macht einen Ausfallschritt nach rechts und legt den Ball auf der rechten Bank wieder ab. Dann nimmt es den dahinter liegenden Ball, macht einen Ausfallschritt nach links und legt den Ball wieder auf der linken Bank ab. Am Ende der Gasse angelangt, startet das zweite Kind von der anderen Seite.

Tipp:
Die Aufgabe fällt leichter, wenn nur eine Ballart zum Einsatz kommt.

Ballgymnastik

- **Ball:** Je ein Handball pro Kind
- **Material:** CD-Spiele, flotte Musik mit ca. 130 – 140 bpm
- **Kategorie:** Gruppenspiel
- **Schwierigkeitsgrad:** mittel bis schwer

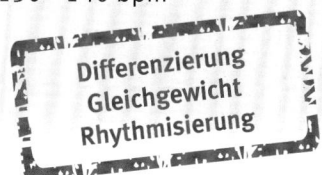

Differenzierung
Gleichgewicht
Rhythmisierung

Spielregel:

Alle Kinder stehen in einem großen Kreis. Jedes Kind hält mit zwei Händen seinen Ball vor dem Körper. Die Kinder gehen im Takt der Musik, während sie gleichzeitig den Ball bewegen. Für die Kinder ist es in der Regel sehr schwierig, mehrere Körperteile gleichzeitig zu koordinieren. Insbesondere am Anfang vergessen viele Kinder mit den Füßen weiterzulaufen, wenn die Arme eine Bewegung ausführen sollen und brauchen hier eine liebevolle Erinnerung. Folgende Bewegungsmöglichkeiten dienen als Beispiele:

Fußbewegungen	Ballbewegungen
am Platz gehen	*den Ball mit angewinkelten Armen still in Bauchhöhe halten*
in die Kreismitte gehen	*den Ball von Bauchhöhe über den Kopf strecken und wieder absenken*
aus der Mitte rückwärts herausgehen	*den Ball in Bauchhöhe mit angewinkelten Armen halten, Arme nach vorne ausstrecken und wieder anziehen*
im Kreis rechts herum gehen	*den Ball mit beiden Händen auf den Boden fallen lassen und wieder mit beiden Händen auffangen*
im Kreis links herum gehen	*den Ball vor sich auf den Boden legen, mit einem großen Schritt darüber steigen, zweiten Fuß nachziehen, mit zwei Schritten umdrehen*
mit Seitanstellschritten seitwärts gehen	*einen Ball auf den Boden legen und alle anderen Bälle im Kreis weitergeben*
frei durch den Raum gehen	*den Ball auf eine Handinnenfläche legen und den Arm heben und senken*

Verflogen

- ● **Ball:** Je ein japanischer Papierball pro Kind
- ● **Material:** –
- ● **Kategorie:** Solo
- ● **Schwierigkeitsgrad:** leicht

Gleichgewicht
Differenzierung
Rhythmisierung

Geschichte:

Ein kleiner japanischer Paradiesvogel hat sich verflogen. Die Kinder heben ihn auf und tragen ihn vorsichtig herum. Sie zeigen ihm ihre Welt und erklären ihm dann den Weg nach Hause.

Spielregel:

Die Kinder balancieren den Papierball auf verschiedenen Körperteilen, wie z.B.
- auf dem Handrücken, dem Ellenbogen oder dem Kopf quer durch den Raum
- auf dem Fuß am Platz, dabei diesen Fuß in die Luft heben
- auf dem Bauch im Krebsgang (Füße und Hände sind auf dem Boden, der Bauch schaut in die Luft, seitlich fortbewegen)
- die Kinder liegen auf dem Rücken, der Ball liegt auf ihrem Brustkorb. Wer schafft es, ihn herunterzupusten?

Tipp:

Der Schwierigkeitsgrad lässt sich steigern, wenn die Kinder während des Balancierens tatsächlich mit dem „Vogel" reden und ihm etwas erzählen, beispielsweise über den Raum, in dem sie gerade sind. Es kann auch gemeinsam ein schönes Lied gesungen werden, zum Beispiel: „Kommt ein Vogel geflogen". Aber Vorsicht: Nicht stehen bleiben!

Schatzbergung

- **Ball:** Je ein Handball pro Gruppe
- **Material:** Je ein Tauchring pro Gruppe und 1 m Paketschnur pro Kind
- **Mitspieler:** 6 – 8 pro Gruppe
- **Kategorie:** Teamspiel
- **Schwierigkeitsgrad:** schwer

Gleichgewicht
Differenzierung
Rhythmisierung

Geschichte:

Taucher sind im Meer auf ein altes Schiffswrack gestoßen. Es hatte viele Schätze geladen, die es nun zu bergen gilt.

Spielregel:

An einen Tauchring werden 6 – 8 Paketschnüre gebunden. Der Tauchring liegt zunächst auf dem Boden. Auf ihm liegt ein Ball. Jedes Kind nimmt das Ende einer Paketschnur in die Hand. Gemeinsam versuchen die Kinder, ihren Schatz anzuheben und durch den Raum zu transportieren.

Wurf-, Fang- und Abwerfspiele

In der Mitte

- **Ball:** Ein Softball
- **Material:** –
- **Kategorie:** Gruppe
- **Schwierigkeitsgrad:** mittel

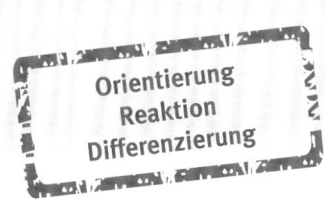

Orientierung
Reaktion
Differenzierung

Spielregel:

Ein Kind erhält den Ball, während alle anderen Kinder im Abstand eines großen Schrittes im Kreis um das erste Kind herumstehen.

Der Werfer schleudert den Ball gerade nach oben in die Luft und ruft laut den Namen eines anderen Mitspielers. Dieser fängt den Ball auf, während alle anderen Kinder weglaufen. Sobald das genannte Kind den Ball gefangen hat, ruft es laut: „Stopp!" und alle anderen Kinder bleiben stehen.

Das Kind mit dem Ball darf nun bis zu drei große Schritte im Raum gehen. Dann versucht es, mit dem Ball ein anderes Kind abzuwerfen. Wenn der Werfer das schafft, geht dieses Kind nun in die Kreismitte und das Spiel beginnt von Neuem.

Tipp:

Das Spiel lebt von der Schnelligkeit. Daher ist es wichtig, dass sich das Kind in der Kreismitte schnell entscheidet, welchen Namen es ruft. Ebenso der Fänger, welchen Mitspieler er versuchen möchte, abzuwerfen.

Haltet den Dieb

- **Ball:** Handball
- **Material:** Ein Reifen
- **Kategorie:** Teamspiel
- **Schwierigkeitsgrad:** leicht

Geschichte:

In den Spielwarenladen wurde eingebrochen. Zum Glück hat eine Nachbarin die Diebe beobachtet und gleich die Polizei gerufen. Doch leider sind die kleinen Diebe ziemlich schnell...

Spielregel:

Die Kinder werden in zwei gleich starke Mannschaften eingeteilt. Die Kinder einer Mannschaft spielen die Polizisten und stellen sich verteilt im Spielfeld auf. In der Mitte des Feldes liegt ein Reifen. Die „Diebe" stellen sich in eine Reihe hintereinander an eine Spielfeldecke. Der erste Spieler erhält den Ball.

Der Ball wird ins Spielfeld geworfen und hintereinander laufen alle „Diebe" außen um das Spielfeld herum. Dabei darf nicht überholt werden.
Die „Polizisten" im Feld versuchen derweil den Ball zu fangen. Sobald dies einem Spieler gelungen ist, stellen sich alle in einem großen Kreis um den Reifen herum. Der Ball muss nun einmal im Kreis von Kind zu Kind gegeben werden, bis er wieder beim Fänger angekommen ist. Dann wird der Ball in den Reifen geworfen und laut gerufen: „Diebe gefangen!"

Für jeden „Dieb", der bis jetzt das Spielfeld noch nicht umrundet hat, erhält die „Polizeimannschaft" einen Punkt. Nach fünf Runden werden die Rollen getauscht. Die Mannschaft, die die meisten Punkte erzielen konnte, hat gewonnen.

Variante:
Die „Polizeimannschaft" stellt sich, nachdem ein Spieler den Ball gefangen hat, hintereinander auf und muss den Ball über die Köpfe nach vorne geben. Der erste Spieler prellt den Ball in den Reifen. Für diese Variante sollten zwei Reifen in einigem Abstand auf einer Linie ins Feld gelegt werden, so dass die Kinder wissen, wo sie sich aufstellen müssen.

Reifenverteidigung

- **Ball:** Handbälle
- **Material:** Zehn Reifen, ein Kasten
- **Kategorie:** Teamspiel
- **Schwierigkeitsgrad:** leicht

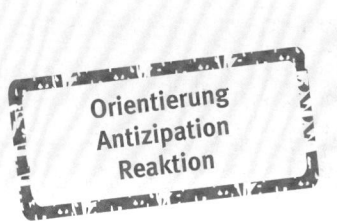

Orientierung
Antizipation
Reaktion

Spielregel:
Zwei Kinder sind Ballkinder. Sie stellen sich an zwei einander gegenüber liegenden Seiten des Spielfeldes auf. Alle anderen Kinder werden in zwei gleich starke Gruppen eingeteilt.
Auf jeder Seite des Raums werden fünf Reifen in einer Reihe (in größerem Abstand voneinander) auf den Boden gelegt. Jede Mannschaft bestimmt einen Reifenwart, der sich hinter den Reifen aufstellt.
In der Mitte des Spielfeldes steht ein Kasten, in dem sich zu Beginn alle Bälle befinden.

Während jede Mannschaft versucht, möglichst viele Bälle in den Reifen der gegnerischen Mannschaft abzulegen, versuchen die Spieler gleichzeitig zu verhindern, dass in ihren Reifen Bälle des Gegners liegen bleiben. Dazu darf der Reifenwart die Bälle aus den Reifen herausnehmen und seinen Mannschaftskameraden auf der jeweils rechten Seitenlinie zuwerfen. Er darf jedoch immer nur einen Ball gleichzeitig tragen.

Wird der Ball gefangen, läuft das Kind mit dem Ball zu den gegnerischen Reifen und legt ihn dort ab.

Wird der Ball nicht gefangen, wird er von einem Ballkind eingesammelt und wieder in die Ballkiste gelegt, von wo aus er wieder von einem Kind ins Spiel gebracht werden darf.

Die Mannschaft, welche beim Schlusspfiff die wenigsten Bälle in ihren Reifen und Händen hat, gewinnt.

Variante:

Der Weg mit dem Ball zur gegnerischen Seite kann mit kleinen Aufgaben gestaltet werden, z. B.

- im Slalom um Pylonen herumlaufen
- sich auf dem Bauch auf einer Bank entlang ziehen, während der Ball in den Kniekehlen auf den Beinen transportiert wird

Befreiung der Gefangenen

- **Ball:** So viele Softbälle wie möglich, mindestens acht
- **Material:** Reifen
- **Kategorie:** Gruppe
- **Schwierigkeitsgrad:** mittel

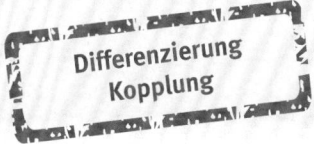

Spielregel:

Jedes Kind erhält einen Reifen, in den es hineinsteigt und den es mit seinen Händen in Hüfthöhe hält. Der Reifen liegt dabei am Rücken an. Diese Kinder spielen die Gefangenen und stellen sich verteilt im Spielfeld auf. Von nun an dürfen sie sich, solange sie an den Reifen gebunden sind, nicht mehr bewegen.

Zwei Kinder stellen sich an eine Außenlinie des Spielfeldes. Neben ihnen steht jeweils eine Ballkiste mit Softbällen. Sie versuchen nun die Gefangenen zu befreien, indem sie einen Softball durch einen Reifen werfen. Ist dies gelungen, legt das Kind den Reifen auf den Boden und geht zu dem Kind, das es befreit hat. Gemeinsam versuchen die beiden, weitere Gefangene zu retten. Die Gruppe, die am Ende am größten ist, hat gewonnen.

Hase und Igel in Variation

- **Ball:** Ein Softball
- **Material:** Spielfeldmarkierung*
- **Kategorie:** Team
- **Schwierigkeitsgrad:** mittel

Orientierung
Antizipation
Reaktion

Spielregel:

Die Kinder werden in zwei gleich starke Gruppen eingeteilt. Jede Gruppe belegt eine Seite des Spielfelds.

Die Kinder versuchen, die gegnerischen Spieler mit dem Ball abzuwerfen. Wird ein Kind getroffen, verlässt es das Spielfeld. Ein Spieler gilt als abgeworfen, wenn er vom Ball getroffen wurde, ohne dass dieser vorher den Boden berührt hat. Wird der Ball von einem Kind gefangen, so dürfen ausgeschiedene Kinder wieder ins Spiel einsteigen.

Tipp:

Es sollte zu Beginn eine Spielzeit festgelegt werden, beispielsweise 10 Minuten. Die Mannschaft, bei der dann mehr Spieler noch im Spiel sind, hat gewonnen.

* Die Größe des Spielfeldes ist abhängig von Alter und Gruppengröße. Als Anhaltspunkt gilt ein 8 m x 4 m großes Feld bei 10 Spielern pro Gruppe.

Spione im Feld

- **Ball:** Ein Softball
- **Material:** Spielfeldmarkierung*
- **Mitspieler:** beliebig
- **Schwierigkeitsgrad:** mittel

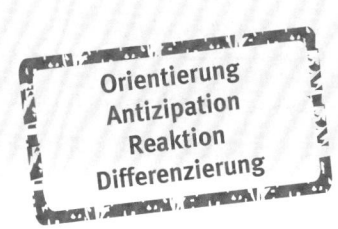

Orientierung
Antizipation
Reaktion
Differenzierung

Spielregel:

Die Kinder werden in zwei gleich starke Gruppen eingeteilt. Jede Gruppe erhält eine Seite des Spielfelds.

Die Kinder versuchen, die gegnerischen Spieler mit dem Ball abzuwerfen. Wird ein Kind getroffen, verlässt es das Spielfeld. Ein Spieler gilt als abgeworfen, wenn er vom Ball getroffen wurde, ohne dass dieser vorher den Boden berührt hat.

Wird der Ball jedoch von einem Kind direkt aus der Luft gefangen, so darf ein ausgeschiedenes Kind in das Feld des Gegners wechseln.

Erhascht es dort einen Ball (auch wenn dieser vorher den Boden berührt hat), so darf es einen Spieler des Gegners aus dessen Feld heraus abwerfen.

Es muss das Spielfeld erst verlassen, wenn es dem Gegner seinerseits gelungen ist, einen Ball direkt zu fangen.

Tipp:

Damit jeder zu jedem Zeitpunkt weiß, welcher Spieler in seinem Spielfeld zu seiner Mannschaft gehört, wäre es gut, wenn zumindest die Spieler eines Teams Mannschaftsbänder tragen.

---

* Die Größe des Spielfeldes ist abhängig von Alter und Gruppengröße. Als Anhaltspunkt gilt ein 8 m x 4 m großes Feld bei 10 Spielern pro Gruppe.

Autoraser

- **Ball:** Halb so viele Softbälle, wie Polizisten mitspielen
- **Material:** CD-Spieler, Laufmusik
- **Kategorie:** Team
- **Schwierigkeitsgrad:** mittel

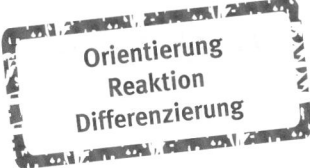

Orientierung
Reaktion
Differenzierung

Geschichte:

Auf den Straßen sind heute ganz schön viele Raser unterwegs. Zum Glück gibt es die Polizei, welche die Autofahrer stoppen kann.

Spielregel:

Die Kinder werden in zwei gleich starke Gruppen aufgeteilt. Die eine Gruppe spielt die Raser, die andere die Polizisten. Zwei Polizisten erhalten je einen Ball. Während die Musik läuft, rasen die Autos durch den Raum, gefolgt von den Polizisten. Stoppt die Musik, so bleiben alle stehen. Die Polizisten haben jetzt die Möglichkeit, einen Autofahrer mit ihrem Softball abzuwerfen. Dieser muss mit seinen Füßen am Platz stehen bleiben, kann aber ansonsten mit seinem Körper ausweichen. Raser, die getroffen wurden, scheiden für diese Runde aus dem Spiel aus.

Die Polizisten dürfen sich, bevor sie einen weiteren Raser abwerfen, die Bälle zuwerfen. So kann derjenige mit der günstigsten Position zu einem Raser werfen. Fällt der Ball dabei jedoch zu Boden, darf mit diesem Ball in dieser Runde nicht mehr abgeworfen werden. Sobald die Runde beendet ist, erhalten die Polizisten ihre Bälle zurück und die Musik beginnt von Neuem.

Sind alle Raser gefasst, werden die Rollen getauscht.

Variante:

Die ausgeschiedenen Raser dürfen sich am Spielfeldrand aufstellen und erhalten ebenfalls einen Softball. Sie dürfen ihren Freunden zu Hilfe kommen und die Polizisten blockieren, indem sie diese bei laufender Musik abwerfen dürfen. Ein getroffener Polizist setzt sich auf den Boden und darf vor dem Abwerfen eines Rasers nicht mehr angespielt werden. Setzt die Musik erneut ein, darf er die Verfolgung wieder aufnehmen.

Gegen 3

- **Ball:** Zwei Softbälle
- **Material:** Langbänke zur Abtrennung des Spielfeldes
- **Kategorie:** Teamspiel
- **Schwierigkeitsgrad:** schwer

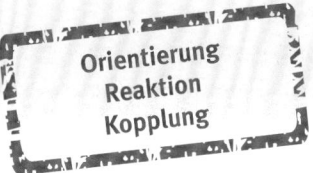

Orientierung
Reaktion
Kopplung

Spielregel:

Die Kinder werden in vier gleich starke Gruppen eingeteilt. Jede Gruppe erhält ein Spielfeld. Jedes Team versucht, Spieler einer der drei gegnerischen Mannschaften abzuwerfen. Wird ein Kind getroffen, verlässt es das Spielfeld. Ein Spieler gilt als abgeworfen, wenn er vom Ball getroffen wurde, ohne dass dieser vorher den Boden berührt hat. Wird der Ball jedoch von einem Kind direkt aus der Luft gefangen, so darf ein ausgeschiedenes Kind seiner Gruppe in sein Feld zurückkehren. Gespielt wird mit zwei Softbällen, was erhöhte Aufmerksamkeit in alle Richtungen erfordert. Eine Mannschaft, die keine Spieler mehr im Feld hat, ist ausgeschieden.

Feind in Sicht

- **Ball:** Fünf Handbälle, mindestens drei Tennisbälle pro Kind
- **Material:** Eine Bank
- **Kategorie:** Team
- **Schwierigkeitsgrad:** variabel

Geschichte:

Die Kinder erreicht die Nachricht, dass die Ritter des feindlichen Königs Gogondolo die Burg ihres geliebten Königs erobert und sich in dem alten Gemäuer verschanzt haben. Es bleibt kaum Zeit, denn die Ritter halten den König und die Prinzessin im dunklen und kalten Verlies gefangen. Schnell müssen sie die Burg zurückerobern.

Spielregel:

Fünf Kinder stehen in einer Linie nebeneinander. Alle anderen Kinder stehen in einem Abstand von mindestens einem Meter hinter ihnen.
Eine Bank wird in einem Abstand von mindestens drei Metern quer zu ihnen aufgestellt.
Auf der Bank werden die fünf Handbälle verteilt.
Die Kinder versuchen, durch gezieltes Werfen der Tennisbälle die Handbälle auf der Bank zu treffen, so dass diese von der Bank herunter rollen. Haben die Kinder der ersten Linie ihre Bälle verworfen, gehen sie zur Seite und die nächsten rücken vor.

Tipp:

Der Schwierigkeitsgrad des Spiels lässt sich zum einen durch den Wurfabstand und zum anderen durch die Größe des Ziels variieren.